# 欣欣此生

## 北大歷史學者邵循正的求學、品格與生活

邵瑜——著

圖一　1934年父親與二叔出國留學，祖父母到上海送行
前排左：祖母陳章貞、右：祖父邵叔煥。
後排左：邵循正、右：邵循恪

圖二　1937年父母親結婚照，攝於北京歐美同學會

圖三　1951年父親邵循正與母親鄭遜、三歲的我攝於清華勝因院六號家門前

圖四　50年代末—60年代初攝於北大教學樓前

圖五　70年代末—80年代初，舅舅鄭統萬時隔三十多年從臺灣回北京探親，與二姨、母親合影
左至右分別是：二姨鄭宣、舅舅鄭統萬、母親鄭遜

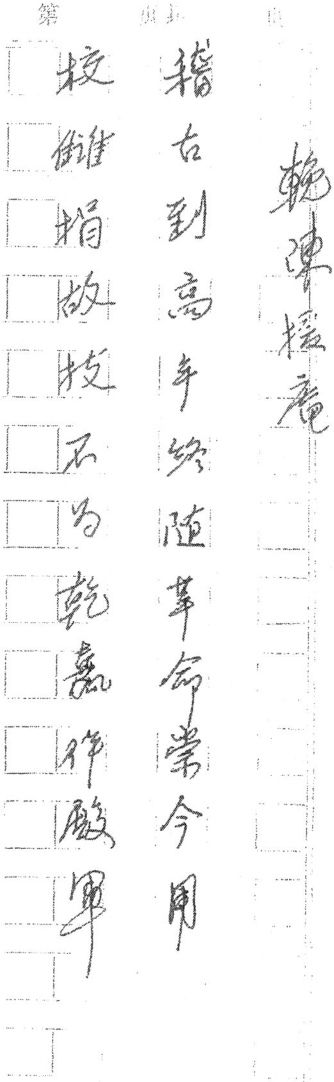
挽陳援庵
稽古到高年終隨革命崇今用
校讎捐故技不為乾嘉作殿軍

圖六　陳垣先生追悼會，父親做了一副輓聯，
回家後自己記錄下來

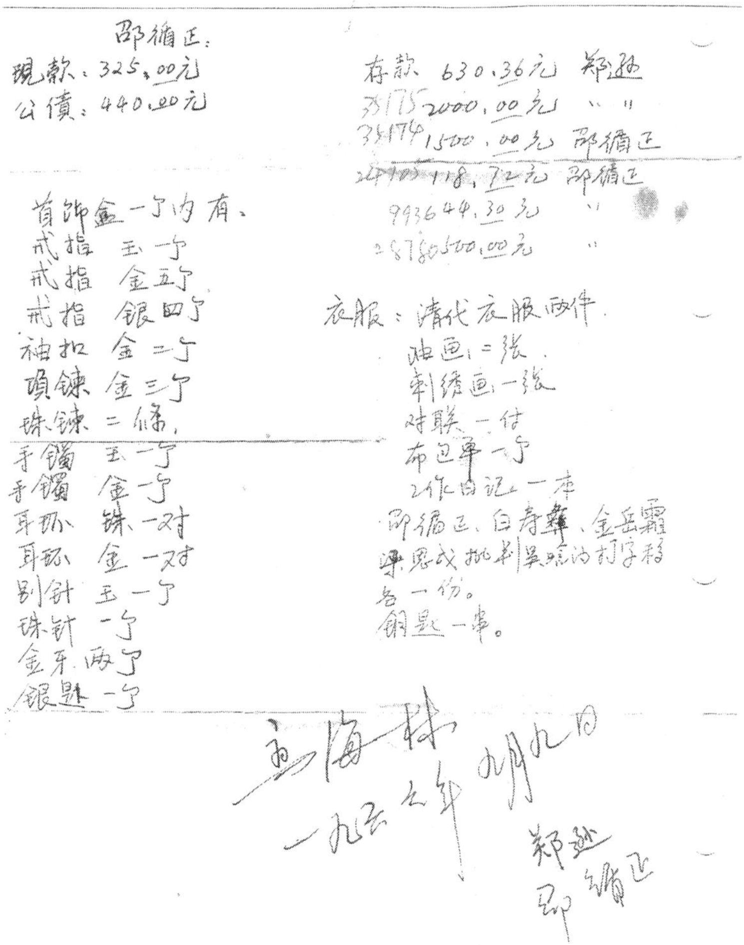

邵循正：
現款：325.00元
公債：440.00元
首飾盒一个內有。
戒指 玉一个
戒指 金五个
戒指 銀四个
袖扣 金二个
項鍊 金三个
珠鍊 二條
手鐲 玉一个
手鐲 金一个
耳环 珠一对
耳环 金一对
别針 玉一个
珠針 一个
金牙 兩个
銀匙 一个
存款 630.36元 郑逊
33175 2000.00元 〃〃
33174 1500.00元 邵循正
24903 118.72元 邵循正
993644.30元 〃
28780 500.00元 〃
衣服：清代衣服兩件
油画：二張
刺绣画：一張
对联一付
布包單一个
工作日記一本
邵循正、白壽彝、金岳霜、梁思成批判吳晗的打字稿各一份。
鑰匙一串。
高海林
一九六六年九月九日
郑逊
邵循正

圖七　1966年紅衛兵抄家清單，簽名的高海林是當年北大歷史系紅衛兵頭目

# 寫在新版出版之前

我的父親邵循正字心恆，生於一九〇九年，逝於一九七三年。文革結束後，他的學生要我給他寫傳。我覺得我對父親的專業外行，沒有資格給他寫傳。我請他的學生寫傳，我盡可能地提供我所能得到的資料。文革中，紅衛兵逼迫我父親交代，他寫過不少交代材料。其中一些是在家裡寫的，我都替他抄了底稿，這些底稿至今還在我手中。我根據底稿寫出〈憶父親〉，作為參考材料交給張寄謙先生，由她寫出我父親的第一篇傳，與《邵循正先生歷史論文集》一起出版。以後戴學稷先生和徐如先生又給他寫了更詳細的傳，我認為這兩篇傳都寫得很好。他們都是從學術和工作角度寫的，但他們不可能瞭解我父親那一代學人是如何成長和生活的。所以我根據我父親的交代底稿和我平時所見所聞，訪問了老一輩的親友，寫出生活中的父親，不過這不能做傳，只能是軼事。

文革中的交代可信，但不可全信。在當時的情況下，任何交代都是有所隱瞞，有所保留的。如我父親交代他參加民盟與吳晗先生無關，但我知道，如果沒有吳晗先生，我父親是不會參加民盟的。對於前輩學人，我盡量找到證據，去還原他們的真實經歷。前輩已逝，我們這一輩也進入老年，如果不趕緊寫出來，很多事就要永成疑案。這本書曾由《世界日報》以《心恆先生軼事》為題，出版了中文繁體字版，我在此基礎上作了一些修改，希望能起一個投磚引玉的作用，能有更多人寫出老一輩人的真實經歷。

文中涉及眾多人名，我盡量查找有關資料，作出注解來介紹各人情況。但有些是我父親文革中交代出的社會關係，我既不認識這些人，也找不到他們的材料，只好對這些人不作注解。

蘇東坡詩曰：「不識廬山真面目，只緣身在此山中。」但是如果你置身山外看廬山，就很難知道山中的雪與風了。不同的人站在不同的位置，從不同的角度看同一件事，看到的是不同的側面，也就是片面的。只有把不同的片面組合在一起，才能看到一個完整的事件。我所寫的是我親眼所見和親耳聽當事人所說的，但只能說是片面的。我非常希望聽聽站在不同位置上，從不同角度看同一件事的人說說他們看見了什麼。比如逼死翦伯贊先生的巫中，有人說他拿槍威脅翦先生，有人說他沒拿槍，為什麼他不自己出來說說到底拿沒拿呢？當時到底是什麼情況？我曾在北大歷史系做資料員，我寫這本書只是想把我所知道的事作為資料留下來，所以我只擺事實，不講道理，所有這些事和人的是非功過留與後人評說。

# 目次

# 一、秋天的童話

一九五六年秋天的燕園，紅了楓葉，黃了銀杏，松柏更覺蒼翠。一陣秋風，天上飄飄灑灑，竟落下五彩繽紛來。

我在北大附小上二年級，當時的校址就是現在北大圖書館的位置。我父親邵循正在北大歷史系教書，常到北大附小東面的文史樓歷史系資料室看書。一天我放學，正好父親從資料室回來，於是攜手回燕南園的家。秋高氣爽，天高雲淡，腳下踏著沙沙響的落葉。父親指著遠處淡藍色的西山（當時北京沒有那麼多的樓房，站在燕南園和籃球場之間的路上就可以看見西山）說：那就是燕山餘脈。三千年前，西周初年，周武王平定天下，分封諸侯，把他的一個名叫奭的弟弟封為召公，史稱召公奭。召公在燕山腳下建立了召國，為周朝守邊，抵禦北方民族入侵。不久他們打敗了另一個國家，把京城搬到那個國家去，建立了燕國。原召國的臣民就以國為姓，姓了召。幾千年來，中國的漢字從甲骨文發展到現代漢語，字數增加了上千倍。一個召字，也分成不同音，不同意，不同寫法的邵、紹、劭、招、照、昭、超、怊等不同的字。但是燕山腳下是邵族的根，天下姓邵的人當是召國臣民的後代。

唐朝末年，北方戰亂，邵族的一支避亂南遷，定居河南，漸漸繁衍成一個不小的家族。北宋末年，金兵南侵，河南邵家的一支隨宋朝南遷到江西，現在江西還有我們邵氏族人。明朝時，我們這一支的祖先，因經營鹽商，為取鹽方便搬到福州。一直到現在，我們老家還在福州，所以我們是福州人。

父親素以治學嚴謹著稱，但是我那時只有八歲。這件事對我來說，就好像是：從前哪，在燕山腳下有一個國王……我把它當成一個童話聽進去，記住了，卻從未認真。二十幾年過去了，我從沒和別人提起。直到一九八一年，我到了美國，見到我先生的指導教授——羅德島大學的邵明林教授。聽說他是河南人，突然沉睡在我心中多年的童話醒了。我把它講給邵教授聽，他大笑，說我們也許本是一家人。

又過了二十幾年，突然有一天，我從報紙上看到考古學家在北京西郊，燕山腳下，琉璃河畔發掘出古召國遺址。啊！那就是半個世紀前父親講給我的童話，那秋高氣爽五彩繽紛的燕園，那在腳下沙沙響的樹葉，一下子全都湧現到我眼前來了。原來父親連童話都是嚴謹的，他去世後三十多年，事實證實了他的童話。

現在我的兒女都已大學畢業，各自有了女朋友，男朋友，也許過幾年我會給孫輩講一個童話：三千年前，西周初年，燕山腳下……

# 二、家世

我六叔邵循恕晚年曾對我說過，他小時候有一次跟長輩去掃墓。路過一座墳，祖父對他說：這裡安葬著我們的一位先人，他在明朝做過錦衣衛，救過明朝皇帝的命，我家還有那位皇帝給的丹書鐵卷。明朝皇帝能到福建去被人救了命，恐怕只有南明隆武帝朱聿鍵了。至於那丹書鐵卷當然沒機會用，就算能逃過清朝，怕也難逃過文革的破四舊。我父親一向說話謹慎，要有根據。他說我家是明朝到福州來的，有祖墳為物證。網上說邵家唐朝就到福州了，我不知是否包括我家這一支，但明朝肯定是已經在福州了。

我能說出姓名的最早祖上先人是我祖父的祖父邵啟元，他是個讀書人，道光進士。但他去世的很早，留下孤兒寡母隨族人度日。他的兒子——我曾祖父名邵積諴，字實孚，生於一八四四年。他幼年喪父，生活比較艱苦。雖然邵家是大戶，他沒有凍餓之虞，但絕不富足。他有機會讀書，可他的書桌只有三條腿，夜讀，油燈只有一根燈芯。他就在這三條腿的桌上刻苦讀書，於同治四年，二十一歲時，中鄉試舉人，同治七年戊辰科（一八六八年）中二甲進士，點翰林。他一生在很多不同的地方做過官，與張人駿（一八四六—一九二七年，晚清做過兩廣總督兩湖總督，與日本交涉收復東沙群島）、張佩綸、吳大澂、陳寶琛（晚清大臣，學者，做過溥儀老師，參與過中法戰爭，是主戰派。因與主和派相左，回家守喪。在福州組織過去毒社，反對吸鴉片）、陳啟泰、洪鈞、洪良品、寶廷等成為好友，這些人後來組成清流派，成為清末官員中反貪官的主力。他做學政時拒收拔貢規費銀十餘萬兩，使貧民子弟與富家子弟能平等應試，憑真才實學取士。他做御史秉性正直，不阿權貴，不論大小官吏，滿漢人員，凡有徇私舞弊，貪汙受賄，包庇惡吏殘害百姓等劣跡的，只要他知道必定要參。上至軍機大臣，下至府縣官員，參了數十人，扳倒一批貪官。後來也是因為參劾了以軍機大臣王文韶（一八三〇年—一九〇八年）為首的官員子弟依仗父兄權勢，未經考核違規提拔，獲得美差，而得罪高官，被調到貴州。他在貴州做布政史時為水災上奏朝廷要求撥款救災，皇帝收到報告後，命戶部撥銀十萬兩。他瞭解到貴州人民窮苦，很多女孩因家裡養不起，小小年紀就被賣給別人。他從自己工資中出錢到江浙請老師，教貧寒人家女孩紡織。這些孩子學會後能織布賣錢補貼家用，可免遭被賣的厄運。同時他減免貴州木棉稅，使貧家小戶能買到便宜的木棉花織布賣錢，得以生存。他致仕還鄉後與陳寶琛，林紹年，林炳章等十人發起福州第一個「去毒社」，禁煙禁毒。他在福州給自己家蓋了住房，在福州城中置辦了少量門面房產出租，但他沒錢在農村買地。雖然在《清史稿》中他被收入〈疆臣傳〉中，也算封疆大吏，但因為他從不貪贓受賄，沒給子孫留下太多遺產，他去世後十來年，我祖父母就典賣房產給我父親及叔叔，姑姑們交學費。我父親也就開始靠自己努力學習，取得好成績，獲得獎學金完成學業。

我曾祖父曾娶過三位夫人，原配婚後不久就去世，無出。第二位姓張，生了一個兒子就去世了。曾祖父又娶了她的妹妹，可是沒生孩子就又去世了。一直到他到貴州做布政使時納了一位當地姑娘為妾，就是我的曾祖母。她生了三男三女，我的祖父是她第二個兒子。曾祖母跟隨曾祖父回到福州，直到她去世也沒機會回貴州省親。她老年時常自己下廚做些兒孫不知道是什麼的食物，大家覺得不正常，有廚子，有傭人的大戶人家老太太為什麼自己去做飯？而且還做些福州人沒見過的奇怪東西，所以懷疑她神經不正常。但我想她這麼做可能是想她的家鄉和親人了，她回不去故鄉，只好自己做些家鄉的食物聊解鄉愁，可兒孫們卻懷疑她得了神經病。

我的祖父邵叔煥是我曾祖父的第三個兒子，他也是個讀書人。他大約二十歲左右時發生了辛亥革命，以後科考取消，他一輩子做小職員直到從福州氣象臺告老退職。

# 三、老家

我們的老家在福州東牙巷，是一所四合院房子。祖父兄弟四人，一房一進。房子是我曾祖父至仕還鄉後蓋的，父親就出生在那裡。

六〇年代，聽說大慶初建時住乾打壘的房子，父親說老家的房子也是砸起來的土牆。母親問：「福州天氣潮濕，下雨天土牆不會塌了嗎？你祖父官拜貴州布政使，怎麼會連磚也買不起，自己家的房子用土砸牆？」

父親說：「土牆冬暖夏涼，比磚牆好。砸牆的土很黏，很結實，下大雨也不會塌，房間裡也不潮。福建有很多房子都是土牆，牆很厚，槍都打不透。」

前些年，福州改造老城的時候，父親的學生戴學稷叔叔還特意去東牙巷看了。確實是土牆，而且這麼多年還沒壞。我們邵族並非福建土著，是後來從北方搬去的，不知算不算客家。但這種以土築牆的方式，似乎與閩南客家的土樓同源。

我曾祖父有一個哥哥，住在東牙巷前面的廟巷，有後門通東牙巷，廟巷有祠堂，有家塾。父親說，每年祭祖時東牙巷和廟巷的邵族齊聚一堂。開祠堂門前，為防外鬼來搶祖宗的貢品，先要放鞭炮，撒些拇指大小的甜饅頭。父親和叔叔們還有街坊和街上的孩子就一哄而上，搶著撿地上的甜饅頭吃，那可是熱鬧極了。等祠堂開了門正式祭祖時，大家就恭恭敬敬按輩分行禮，上供。父親對正式的祭典似乎不大感興趣，對小饅頭卻提過不止一次。母親見他念念不忘就試著做了幾次，父親嚐後都說和小時候吃的味道不同。母親說大概是因為沒人跟他搶，少了兒時的情趣。

我二叔比父親小一歲，母親說，二叔出世後，父親的外祖母曾把父親接去住了一段時間，由父親的舅母照看。當時父親的舅舅結了婚，但還沒有小孩。中國民間好像有這樣的說法：沒有孩子的已婚婦女，如果帶一個別人的孩子，自己就會生小孩。不管這說法正確與否，父親的舅母後來是有孩子的，父親說是兩位表叔。可是祖母娘家也是大家庭，她有好多侄子，所以真有點兒我家的表叔數不清的味道，我至今不知道這兩位表叔是哪兩位。父母結婚後，父親還帶母親去上海見過他的外婆及舅舅、舅母。

父親從一歲開始做大哥，他有八個弟弟、妹妹。認識母親時他已二十七歲，一副老成持重的樣子，沉默寡言，又不失幽默。有一次母親問他小時候淘氣不淘氣，他說：「當然不淘氣。」母親也是生長在封建家庭，深知在這種家庭裡做大哥的人，必定得從小規規矩矩給弟妹們做出表率，所以相信父親真是從小不淘氣。

父親去世後，有一次五叔來看我們，說起往事，母親說：「你大哥一定是從小不淘氣。」

五叔說：「哪兒有，哥兒幾個都淘氣。」我和母親都吃了一驚。

後來大姑告訴我們，因為父親小時候不肯老老實實坐著念書，祖母就給他穿緊鞋。站久一點兒就腳疼，他只好老老實實地坐在椅子上念書了。有一次大姑幫祖母給父親做鞋，偷偷地把鞋放大了半寸。父親穿上新鞋說：「這雙鞋真舒服啊。」我和母親才相信父親小時候恐怕是夠淘氣的，不然祖母怎麼會給他穿緊鞋。母親說如果父親小時候沒穿那麼緊的鞋，他可以多運動些，身體也許會好得多。

我祖母是前清進士曲靖府知府陳寶瑨（一八四九—一九三三）之女。陳家世代書香門第，她的伯父陳寶琛與我曾祖父是同科進士，也是好朋友。陳家無論男女都要讀書，所以祖母的學問很好。我聽母親說我祖母能寫很好的半文言信，懂醫學，會開藥方。

父親小的時候祖父經常在外謀生，祖母一個人在家管教孩子。她從不參與妯娌間的打牌，聊天，每天吃過早飯就搬張飯桌放在樹下，教孩子讀書。如果有侄子們想來學，她也一視同仁，把侄子與自己的孩子一起教。父親四歲時由祖母啟蒙讀《四書》，學做對子及寫字。我想祖母如果出生在新社會的話，她可能是很好的教師，她的小妹妹就是燕京中文系的教授。我從沒見她出去玩兒過，除了家務，她一心一意就是教導子孫讀書，對兒孫管教極嚴。

我小時候問過父親有沒有念過《三字經》、《百家姓》。父親說沒念過，《三字經》是宣揚封建社會做順民的人生哲學，它的主導思想是如何做一個安分守己，受治於人的良民百姓。父親的家庭是封建士大夫家庭，希望子弟做統治階級的忠臣良吏，要培養他們治人的能力。《四書》宣揚孔孟之道，講治人的道理，是士大夫子弟的必修課。父親認為他從小受封建教育，在大學和出國留學期間受了資本主義教育。雖然後來學了一些馬列主義，但仍有許多封建思想和資產階級思想，而且對我也會有影響。

父親五歲時已讀完《四書》，學會做對子，祖母就把他和二叔一起送到家塾去上學。家塾是族中共請的一位老先生教書，邵氏子弟可以免費去上學。

父親兩歲時，辛亥革命爆發，廢除了科舉制。有一位前清舉人謝先生在福州辦了一家私塾，是當時的名校。父親大約十歲時和二叔一起到謝先生的私塾上學，讀經史，習詩文。謝先生束修不菲，但學識淵博，父親兄弟在他門下打下了堅實的文史基礎。

祖母是一個很有見解的人，雖然大門不出二門不邁，但她明白時代不同了，光讓孩子讀舊書是沒前途的。謝先生詩書滿腹，但不善西學，所以還要讓孩子上新式學校。她為父親和二叔請了一位家庭教師，就是著名的歷史學家翁獨健伯伯，給他們補習英語和數學。祖母晚年和翁伯伯住同一條街，時有來往。祖母對翁伯伯一直待以西席之禮，凡提到他必稱翁先生。

曾祖父去世時留下一些房產，但沒有田地、股票。祖父一生沉浮於小職員，收入不多，孩子不少，孩子的教育經費全靠典賣房產支付。父親深知祖父母籌措學費之不易，從少年時就開始分擔家中的困難。當時福州最好的新式學校是英華書院，學費很貴，但如能考上前三名，可享受免費上學的優待。父親和二叔於一九二四年一起考上英華書院，在校期間一直占了前三名的三分之二。並因文史兩科成績優秀已達畢業水準，准予免修，只學數理化及外語。他們靠自己努力，用兩年時間免費學完中學六年的課程，於一九二五年底畢業。

一九二六年初，父親和二叔一起考上福州的一所教會學校——協和大學。父親說有一位教師曾勸他入教，但他沒有入，因為他實在是不信鬼神，又不願意假裝信上帝去騙老師。父親一生從不信鬼神，他對我說過，人信鬼神是因為很多自然現象無法解釋，只好推到鬼神身上去。隨著科學發展，好些以前以為是鬧鬼的事都有了解釋，可見世上是沒有鬼神的。

在這所大學裡，父親兄弟只上了半年就去考清華了。

# 四、清華

一九二六年初夏，父親和二叔一起去上海考清華。一是因為清華是全國數一數二的好學校，二是因為清華是國立大學，免學費。父親十六歲時已有八個弟妹了，上清華省下學費可供弟弟妹妹上學用。

父親說他們是從馬尾上船去上海的，船上就是鋪板，他們自己帶行李。母親曾說過父親的外婆和舅舅在上海，也許這是他們去上海考大學而不是直接去北京的原因。父親一直到去世都有福建口音，二叔口音更重，那還是來北京多年以後學會北京話了的。想當年兩個十五、六歲的大男孩，第一次出福建，說一口誰也聽不懂的福建官話，如果上海沒有親戚，恐怕連路都問不到。可是兩個人都考上清華了，夏末就到北京去上學，這一出福建，父親就再也沒回去過了。

父親和二叔都進了政治系，念國際法專業。雖然清華免收學費，但父親和二叔的生活仍需家裡負擔。以後三叔和大姑相繼來北京上學，為了減輕祖父母的負擔，父親和二叔開始在《京報》上發表東西掙稿費。父親是每日一篇社論，二叔是每日一詩，稿費供兄妹四人零用及買書報，文具。我想當時的北京讀者大概不知道，每天所看的社論是出自一個不足二十歲的大學生之手。《京報》的主編敢把社論包給這樣年輕的學生去寫，也真夠膽大的。父親為《京報》寫了兩年社論，我想這是他日後才思敏捷的原因之一。父親去世後，二叔曾提起此事，說：「寫文章我不敢跟你爸爸比，但比做詩我還比較有把握。那時候他是每日一篇社論，我是每日一詩。」這也可以算是勤工儉學吧。

父親在清華不是政治上的活躍人物，但也參加過政治運動。他說像清華、北大這樣的名牌大學，非知名學者做校長不可，不然鎮不住。他考入清華時正是北洋時期，北洋政府派過幾個軍閥，官僚來做校長，都被學生轟走了。他也去轟過，他記得大鬧校長辦公室，用板凳砸桌子，嚇得校長不敢見學生。以後派了羅家倫（一八九七—一九六九）來當校長，雖是名流，但太洋氣。開茶會，校長夫人在門口與學生一一握手。當時社會風氣還很保守，學生中大多數對如此西化的舉動還不習慣。第二天就有人在壁報上寫「與校長夫人握手有觸電之感」，不久羅也走了。直到梅貽琦（一八八九—一九六二）校長來後才沒有再發生這種事，因為梅校長全力辦學，幾十年踏踏實實帶領師生做學問，培育人才，所以他很受學生愛戴。在他的辦學方針指導下，清華不但培養出一大批學者專家，也為國共兩黨培養出一大批治國人才。幾十年間，國共兩黨的高級幹部中，都有不少清華校友。另外和梅校長反對當局迫害學生，反對軍警到學校抓人的民主作風也有關係。父親對梅校長一直很尊重。

有幾個父親原來在福建的同學也上了清華，有郭舜平、施嘉鐘伯伯，還有後來是我表姨夫的王戇愚先生。他也交了一些新朋友，有周贇武、余冠英、肖滌非、姚薇元、梁方仲、曹曾祿等伯伯。[1]父親說有些同學喜歡打牌打到半夜，舍監來查房，嚇得打牌的同學鑽到床底下，但還是被抓出來。不過那時候他已經睡覺了，所以沒有抓他。還有一次考試前一天晚上幾個同學打牌打到半夜，第二天其中的一個太困，半睡半醒一道題也沒答，在試卷上畫了許多圈。父親在清華一直是成績很好的學生，要管弟弟妹妹，還要寫社論掙稿費，他大概是沒什麼時間和機會玩兒的。祖母管教很嚴，父親和叔叔姑姑們都是學習非常努力的。我聽到過祖母最嚴厲的罵人話就是「紈絝子弟」，她的兒女沒一個敢不好好念書的。

一九三〇年父親和二叔同時畢業，畢業後他們本想找工作，曾去南京參加過一次文官考試。他們兄弟在清華是有名的高材生，雖然當時官員中不乏碌碌之輩，但他們雙雙未考中，

1 這個同學名單來自我父親文革中的交代，其中有些人我知道，有些沒聽說過。下面是從網上能查到，和我聽父親說過的一些情況：施嘉鐘先生聽說在上海。王戇愚先生是天津南開大教授。余冠英（一九〇六—一九九五）中國古典文學專家，他的兒子余繩武是我父親的研究生曾任中國社會學科院近代史研究所研究員、所長。肖滌非（一九〇七—一九九一）著名文學史專家，杜甫研究專家。姚薇元（一九〇五—一九八五），武漢大學歷史系任教授。梁方仲（一九〇八—一九七〇）中國經濟史學家，明清史學家。曹曾祿先生，聽我父親說在學校和曹曾祿先生很要好，畢業後曹先生進入商界，好像是在銀行工作，但對辦學很熱心，有過捐款。

這大概是因為朝中無人的關係吧。

考試後父親和二叔一起回清華念研究生，二叔繼續念法律，父親改學歷史，指導教授是蔣廷黻先生。父親也修了陳寅恪先生的課，我聽一位當時也在清華讀書的學生講，陳先生講課很枯燥，她聽得要睡覺。不知父親怎麼會聽得津津有味，成了陳先生的得意門生。後來確實是陳寅恪先生力主選送父親去法國留學，他們關係一直很好，父親一直尊陳先生為師。

父親的研究生論文是《中法越南關係史末》，他除了在清華學習之外還向他的伯外祖父陳寶琛請教，獲益良多。光緒十年（一八八四年）陳寶琛任欽差會辦南洋大臣，曾堅決反對與法軍議和，後丁憂返籍。父親能與他探討中法戰爭的問題，可以獲得許多一手材料，他堅決主戰，對父親也會有影響。父親的指導教授蔣廷黻先生（一八九五—一九六五）對父親向他的伯外祖父求教十分讚賞，曾稱讚：「陳寶琛是活材料」。

我想從那個時候起，父親對一手材料，原始材料的重要性就深有體會。父親一生無論做學問還是做人都追求真實，從不信道聽塗說。他生活上是馬大哈，治學卻是極為嚴格認真，一絲不苟的，這與他生活上的隨便湊合，判若兩人。他主持中國近代史資料叢刊編輯室，他翻譯刺失德丁《集史》，整理《夷氛記聞》、《漏網喁魚集》、《鏡湖自選年譜》和《盛宣懷未刊信稿》都是在追求還原歷史真實面目。

母親出生在大家庭，外祖父和親友集資創辦了華豐搪瓷廠，並任經理。所以母親家與上海的一些清末官員、民族資本家都有來往。記得父親為了訂正某些近代史上人物間的關係，問過母親。母親能細細地說出誰的女兒是誰的兒媳，某人是幾姨太所出，娶了誰的妹妹，他們的兒女是誰。這種事母親是不會弄錯的，因為在這樣的家庭裡，弄錯了關係是大笑話，何況跟這些人或是親戚或是有來往的。可見父親對治學的認真，想盡辦法去弄清每一個哪怕最細小的問題。他看學生的論文也要看引用了什麼材料，如果大量使用原始材料，那是作者的研究成果。如果僅僅是大量地引用二手、三手材料，東拼西湊「組合」成一篇文章，沒有原始材料，那研究成果是誰的就難說了，這不就是抄嗎。

一九三三年底，父親高品質地完成了畢業論文，通過答辯，獲得老師們的肯定，被選派去法國留學。

# 五、法國

一九三四年初，父親赴法留學，二叔赴美留學。他們是經上海分乘輪船出國的，祖父母從福州到上海為他們送行。

父親從上海乘船經印度，紅海，通過蘇伊士運河入地中海到馬賽，然後由陸路到巴黎，入巴黎法蘭西學院。按照蔣廷黻先生的計畫，送父親去法國留學是為了讓他跟隨法國著名的漢學家伯希和教授（一八七八—一九四五）學習蒙古史，將來回清華開展這方面的教學和研究。他到巴黎時不是開學時間，伯希和教授不在法國，他就先學了波斯文。秋季開學前有個迎新會，父親和幾個波斯文班上的同學坐在一起。他們正在談論波斯文時，有位老先生在桌旁停留了一陣，聽他們談話。他離開後，有人告訴父親，那就是大名鼎鼎的伯希和教授。過了一天，伯希和教授約父親去見他，考問了父親的學問，收他為弟子。事後別人告訴父親，迎新會後，伯希和教授曾打聽那個會說波斯文的東方青年是誰，被告知是上學期中從中國清華大學來求學的邵循正，他來後修了波斯文課。伯希和對這個年輕人很感興趣。

伯希和教授為父親制定了學習計畫，教他對音法和蒙古史。但一九三五年他曾到中國來了相當長的一段時間，那段時間父親只能按他的教學計畫自己看書，學習，做研究。為了查找資料，一九三五年秋到一九三六年初，父親還到德國柏林大學去了四個月，去查蒙古史資料，並學德文。在那兒父親忙於學習，無暇觀光，只去了一次柏林動物園，和一頭小獅子照了一張相。父親沒有讀學位，他只是盡量多地利用這段時間和機會，學習所有他能接觸到的東西，他知道很多文物和材料是他回國後看不到的。他也很難有機會再得到伯希和教授和其他法國、德國教授的指導，所以他要抓緊一切機會把能學到的都學到手。

蒙古史涉及面很廣，除了波斯文父親還學了義大利文。這在他後來研究《馬可波羅遊記》時是很有幫助的，他可以用英文、波斯文、義大利文和中文互相對照，找出人名、地名的正確拼法。

在法國父親住學生宿舍，在食堂吃飯。他說宿舍沒有熱水管，只有冷水。每天早上宿舍管理員給每個學生送一盒熱水，洗臉、剃鬍子用。宿舍裡不能洗衣服（大概是沒地方晾），會有人來取髒衣服去洗，洗好後送回來，要收一些錢。

巴黎的時尚、豪華地段不是他這樣窮學生去的地方，他最熟悉的是舊書店，他節衣縮食，把省下來的獎學金買了舊書帶回來。他說學校後面有一條小街，那兒有幾家舊書店，是他課餘常去逛的地方。他會向舊書店老闆訂書，他們有父親的地址，遇到有人賣出父親想要的書時，他們就會通知父親。他在舊書店買過一套四冊的《世界藝術》，我小時候他給我看，有世界各國的美術、雕塑。書很厚，很重，印刷精美。父親說過這部書出版量很小，現在已經很難找到。父親去世後北京圖書館把這部書收購去了，據說我國西南還有一個圖書館有一部，這是已知在中國境內的第二部。父親對歐洲文化歷史也很重視，偶有閒暇或機會就去參觀名勝，看經典戲劇或舞蹈的演出。貴的票買不起，如能買到便宜票，他就去看一看。但是他只看經典，遊藝場所他從不涉足。他帶回來很多博物館的說明書和介紹，還有歌劇、芭蕾舞的廣告。我小時候他讓我看，講給我聽，使我對凡爾賽宮，凱旋門有了一些感性認識。這些東西別人參觀完可能就扔掉了，可是他把它們變成很好的教材，也使我認識到照片和地圖對直觀教學的重要性。不是每一個學生在學外國歷史時都可以到外國去看上一看的，通過照片和地圖可以加深他們對書本知識的理解和認識。至於父親留學兩年在生活上的收穫，就是在去巴黎的路上，在孟買的當鋪門口，跟一個美國大兵買了一塊錶，在巴黎路邊的眼鏡攤上買了一副眼鏡。他買東西的地方真是很特殊的，沒聽見說別人有這樣買手錶和眼鏡的。

他在法國時也和一些中國留學生常有往來，同行的有韓儒林伯伯[1]，以後是很好的朋

1 韓儒林（一九〇三—一九八三），歷史學家、蒙古學家。

友。還有王靜如[2]、于道泉[3]、王重民[4]、王海鏡先生[5]。在德國有李繼侗[6]、陳永齡[7]、張頤[8]、林秋生等先生。蔣廷黻先生和葉公超伯伯[9]曾到法國休假，父親與他們在巴黎聚會過。

父親在法國時祖母得了癌症，被擔架抬到北京來治病。那時大姑剛從燕京大學畢業，在香山慈幼院工作。祖母帶了三個最小的孩子：五叔邵循怦，六叔邵循恕和三姑邵同章一起來北京，在協和醫院治療。

一九三六年夏，父親完成了法國的學業，趕回國來。

---

2 王靜如（一九〇三—一九九〇），語言學家、歷史學家、民族研究專家。

3 于道泉（一九〇一—一九九二），藏學家、語言學家、教育家。

4 王重民（一九〇三—一九七五），目錄版本學家、敦煌學家、圖書館學家。

5 王海鏡先生，從中國軍網英烈紀念堂吳可傳中可看出：王海鏡是和李大釗同期的中共地下黨員，後來到法國留學，在希特勒的法西斯軍隊佔領法國時，先被投入集中營，後來失蹤。我父親說他是地下共產黨員，後來被法西斯殺害。但我不知我父親是怎麼知道他被殺害了，是否有證據。

6 李繼侗（一八九七—一九六一），植物學家，生態學家，教育家，中國科學院院士。他也曾任北大生物系教授，後調入內蒙古大學任教。

7 陳永齡（一九一〇—二〇〇四），大地測量學家。

8 張頤（一八八七—一九六九），北大教授，哲學家。

9 葉公超（英文名：George K. C. Yeh，一九〇四—一九八一）。

# 六、父親和母親（上）

父母的婚姻是包辦婚姻。父親的堂舅娶了母親的大姨，父親叫他們舅舅、舅母；母親叫他們大姨、大姨夫。有時父母說到他們，各說各的稱呼。一個說舅舅，另一個說姨夫，我再糊塗也知道舅舅不是姨夫，怎麼也聽不明白他們在說誰。

這一對長輩做媒，親上加親，父母是相親認識的。相親那天祖母帶父親到母親家，我外祖父早已先看了父親的履歷，又問了父親許多問題，考察他的人品學問。外祖父對父親的回答很滿意，然後才讓母親和她的妹妹——我的七姨出來給父親見了一面。外祖父讓父親在姐妹兩個中挑一個，父親挑了母親。母親說父親也許可以說是有一點自主權的，她是完全沒有自主權的，相親時不許她說話，除非有人問她，也是只許問什麼答什麼，不許多嘴。我不知是父親眼力好還是命好，他選母親是選對了。因為我七姨是虔誠的天主教徒，後來做了修女。如果當初父親選了她，我真不知道他們的日子要怎麼過，父親是不信教的。

父親選定母親後，外祖父告訴母親已經給她訂婚了。母親大哭，因為父親看上去十分瘦弱，母親怕他不能長壽。可是外祖父堅持要母親嫁給父親，說父親人好，孝順，學問好。雖然瘦弱但沒病，只要母親以後好好照顧他身體，他不會短壽的，母親再哭也得跟他結婚。父母的訂婚照上祖母、外祖父、外祖母都高高興興的，我的大姑樣子也很開心，父親略顯緊張，母親卻是很不高興，她自己也說是氣呼呼的。

訂婚後父母可以來往，其實只有父親來，母親沒結婚前是不可以往的。但這在當時已十分開通，而且是十分新潮了。父親還可以給母親寫信，用半文言或英文寫，這些信被親戚們戲稱為「情書」。但是父親給母親的「情書」是先由外祖父拆閱，閱畢把母親叫來，用紅筆把「情書」對母親逐句評點。哪句寫得好，哪個詞用得恰當，再規定母親怎樣回信。這哪是情書啊，簡直是教材。母親根據外祖父的規定寫「情書」的草稿，寫好後交外祖父批改，再把改過的抄一遍，由外祖父寄給父親。這好像是寫命題作文，練習一年以後能不能當妻子不一定，但是可以當秘書了。我問過母親給父親的信裡都寫了什麼，母親說不記得了，因為寫的都是外祖父要對父親說的話，不是她想說的事。我乾脆就不問父親了，反正他寫的都是跟外祖父說的話，不是跟母親說的。我奇怪，外祖父怎麼會就不明白呢？這麼大歲數了，讓兩個年輕人糊弄著，跟未來女婿寫「情書」，還寫得挺高興的。

父親也可以來看母親，當時母親住在西直門附近，父親去清華上下班必須經過西直門。父親來時先要見母親家的長輩，寒暄以後再叫母親出見。見面時或有外祖父、母在旁，或由七姨和四姨婆（我外婆的妹妹，很年輕即喪夫，終生守寡，一直在北大圖書館工作）陪伴。母親說父親話不多，但很幽默。有一次四姨婆問起父親在國外起居，說到外國人洗淋浴，中國人洗盆浴。四姨婆問父親喜歡用那種方式洗澡，父親說：「乾洗。」大家都笑得東倒西歪，以後很久，四姨婆還是見到父親就想笑。

訂婚一年後，雙方家長認為他們該結婚了，於是父親和母親就得為辦嫁妝，置家具奔忙。有一次父親陪母親和七姨去東安市場，母親看見一家店裡在賣宮燈，就說了一句「這些宮燈倒挺好看的」。結婚那天，母親發現新房裡，無論是房頂上的吊燈，地上的立式燈，還是桌上的檯燈，一律是宮燈。母親說都是很好看的燈，但她並沒想要父親把燈全換成宮燈，而且挺貴的。母親從那時也意識到，她將要嫁的丈夫可是相當書呆子氣的人。我記得我小時候家裡還有一盞宮燈，是一個龍頭叼著一盞燈，大概就是父母結婚時買的。

父母是一九三七年四月底結婚的，婚禮在歐美同學會舉行。由雙方家長主婚，證婚人是梅貽琦校長，媒人是母親的大姨和大姨夫，司儀是父親的朋友葉公超伯伯，伴郎是父親的同學王信忠伯伯[1]，伴娘是七姨，花童是葉伯伯的女兒。婚禮是西式的，父親穿大禮服，母親

1 王信中先生是我父親的同學，為了給清華大學培養不同專業的年輕教員，蔣廷黻先生主持下，送我父親去法國學蒙古史——元史，送王信忠先生去日本學日本史。學成歸來後兩人都在清華——西南聯大教書，王先生是日本史專家，一九四三年他去美國考察，沒有再回中國。

穿白婚紗。喜筵上眾賓客紛紛敬酒，三叔邵循怡提一壺「酒」緊跟在父母身後，只要有人敬酒，他就趕緊給父母各斟一杯。父母逢敬必乾，乾多少杯也不醉，因為三叔那壺裡是紅茶加糖，假充葡萄酒。鬧洞房時，新房裡坐滿了父親的表姐妹，大姑、三姑也在座。母親說大概是家裡派了她們來護駕的，所以洞房裡雖然熱鬧，但沒使母親有什麼難堪，只是丟了一條與禮服配套的手絹。母親說不知是洋迷信還是土迷信，據說哪位姑娘如偷了新娘的手絹就會交好運，找到如意郎君。母親祝那位偷了她手絹的人交好運。祖母和外祖父母對這個熱熱鬧鬧的婚禮都很滿意。

父親提議到一個廟裡去結婚旅行，說那廟裡有個很有名的建築——無梁殿。母親問：「法國人也到和尚廟或修道院結婚旅行嗎？」父親語塞，結果哪兒也沒去。母親提起來就說：「真是書呆子，結婚旅行是去和尚廟，帶新娘子去看一輩子不結婚的男人。」

婚後母親隨父親住在盔頭作，家裡除父母外，還有祖母、五叔、六叔和三姑。當時六叔十二歲，五叔和三姑都在上中學。休假時大姑就會回來，她和母親很談得來，一輩子都處得很好，不但是姑嫂也是朋友。三叔也在北京，可能還在上清華。父親每天去清華上班，回家後多半看書。那段時間他買了些線裝書，讓母親幫他在書的側面寫上卷數。因為書是一函一函裝起來的，側面沒有卷數就不好找。父親上班去了，五叔、六叔就到院子裡玩兒，也常跟三姑到母親房裡說話。只要父親一回來，兩位叔叔就不見影兒了。父親對姑姑們很和氣，但對叔叔們就嚴厲得多。因為祖父遠在福州，祖母大病初愈，身體還不太好，所以父親要代他們督促幼弟的學業。六叔說過父親對他很好，給他看從國外帶回來的書，還給他講，也帶他出去玩兒，去看京戲。不過父親也查他們的功課，嗯，我可是知道什麼是父親查功課。母親對我說過：「幸虧你是女孩子，要是男孩子，你爸爸恐怕會對你很凶，還會打你的。」當然我小時候不聽話不是沒挨過打，不過父親只打三下。要是男孩子，恐怕不止這幾下。

父母結婚兩個月後，「七七事變」就發生了。一九三七年夏天，北京城裡人心惶惶。清華南遷，父母隨清華乘火車去天津，一路上走走停停，停停走走，一天一夜才到了天津。不但吃喝成問題，連上廁所都不容易。這時書生們才想起這是逃難，不是春遊。路上遇上打仗，不知會躲到什麼地方，也不知走到哪兒算一站。老人孩子，體弱多病的人是否能經受得住，萬一病了怎麼辦？遇上打仗，跑散了怎麼辦？於是決定母親先回娘家，父親跟學校走，等有了固定地方再來接母親。

父親隨學校乘船從天津去了山東，然後由陸路去湖南，在長沙臨時大學工作了半年，又從長沙往西南走，一九三八年到達昆明。清華、北大、南開大學在昆明組成西南聯大，這才算定下來。一路上時而上課，時而走路，除了行李還帶著書。顛沛流離，還夾著跑警報，躲轟炸。父親這次從北京到昆明，歷時一年多，跋山涉水，大概把祖先兩次搬遷的艱辛都體驗到了。待西南聯大建校後，教員們都穩定下來，第一個暑假，有家人留在北方的紛紛搬取家眷。父親也回北京接母親去昆明。

日本人占北京後，燒殺搶掠，滿街抓年輕婦女。為安全起見，祖母急急忙忙把正在讀高中的三姑嫁到天津去了。當時只聽媒人介紹，這位姑父是南開大學的學生，學英文的，對他本人及家庭完全不瞭解，後來三姑的婚姻是很不幸的。父親接了母親從天津坐船去海防，上船前還看了三姑，和她的丈夫談了談。但只知道他英文不錯，其他方面就來不及瞭解了。母親聽說她是後婆婆，又住在一起，多少有點兒擔心。

上船時日本憲兵查得很嚴，凡往南去的教員，學生都被他們扣下。父親是知道這個情況的，有備而來，裝成法國洋行的雇員，穿了一身筆挺西裝。母親也穿了很講究的衣服，還牽了一條狗（那狗倒真是母親的，她很喜歡動物。因為是黑狗，所以叫Blacky，這狗養了不少年）。船是法國船，日本憲兵上船搜查時父親正和船長說話，母親牽狗站在旁邊。父親對日本憲兵胡謅了一個法國洋行的名字，那日本兵也聽不懂，又見他和船長說法文，就深信不疑去查別人了。母親說那天他們看見剃了光頭，換了破舊褲褂，裝成挑夫的學生被日本兵抓住，拖下船去。船上的旅客都為這些學生擔心。

路過上海時，父親帶母親去見了他的外婆和舅舅、舅母。船到香港要補給，父母上岸看了父親的一個同學，又買了些東西，預備到昆明用，然後就乘原船去越南海防了。到岸時是晚上，很黑，又悶又熱。父親好不容易找到一個旅館，租了二樓的一個房間。母親對海防印象極壞，說那旅館是名副其實的「黑店」——沒有燈，過道，樓梯漆黑，她和父親摸著上了二樓。因為太熱，母親想洗澡，二樓沒有水，母親又摸黑去一樓。大概她已經有些中暑了，又加上黑，看不見，頭一暈就從樓梯上摔下去了，倒在地上都沒人看見。不知過了多久，一個旅館服務員發現地上躺了一個人，拿燈來照，又跑去找父親，兩個人把母親抬回房間。父親很著急，要是摔傷或病倒了，連醫院在哪兒都不知道。幸虧母親不久就醒過來，第二天一早，天還沒亮，父親就帶著母親趕緊乘火車去昆明。母親說黑著來，黑著去，海防是什麼樣她都沒看見，只是在晨曦中模模糊糊地看見一些樹影。火車沒牆沒窗，一排排座位，兩邊是欄杆，車頂是個棚子。一路看風景倒是挺好玩兒的，就不知下雨怎麼辦。父親立刻接下去說：「還好沒有牆，不然悶死，那麼熱的地方，又潮濕。」大概是想起母親在旅館中暑昏倒。

在昆明，父親租了一個軍閥後花園裡的花房住，因為物價漲得很快，可是教員工資不長，花房便宜。房子一面有牆，另一面全是玻璃，母親就做些窗簾或用紙把玻璃擋起來。母親上的是教會學校，會做西裝，會烤蛋糕，可是不會燒昆明的炭盆，到昆明做第一頓飯怎麼也點不著火。父親來幫忙，越幫越忙，大冒了一沉黑煙，還是不著。過了午飯時間，兩個人都很餓了，只好出去找飯吃。下午回來，父親去請黃子卿（一九〇〇—一九八二，北大化學系教授）伯伯來幫助點火，對母親介紹說：「這是化學家。」化學家和歷史學家忙了一下午，燒光了歷史學家所有的舊報紙，炭還是不著。晚飯時間黃伯母讓她的保姆（雲南人）來找黃伯伯回家吃飯，才知道是不會點炭盆，她走過來一下就點著了。

父親很好客，母親在昆明時家裡常常有客人來，母親準備些茶點。那時很多西南聯大的教員都是單身，如王憲鈞伯伯[2]、徐毓枬伯伯[3]、許寶騄伯伯[4]都常來。有家眷的如龔祥瑞伯伯[5]，吳晗伯伯等也常來。

昆明四季如春，花木極盛，父母有時也去公園走走。母親說他們住在小西門附近，有個公園離家不遠。父親不愛運動，母親就拖他去公園，借此活動一下。我二姨夫是位電機工程師，經常到各地去安裝電機。有一段時間他在昆明工作，二姨和兩位表哥也在那兒。二姨夫很會照相，母親就拉父親和二姨一家去照相。

父親在昆明病過一場，又吐又瀉，發高燒。母親把他送進當時唯一的一家西醫院，有醫生，可是沒什麼藥，條件很差。醫生讓父親住院，第一天母親一直陪到晚上，父親因為吐，一天不能吃東西。第二天早上母親先到一家法國麵包行買了兩個麵包，然後去看父親。因為

2 王憲鈞（一九一〇—一九九三），邏輯學家、北京大學教授。

3 徐毓枬畢業於清華大學，曾任教於清華大學、西南聯大、北京大學經濟系。

4 許寶騄（一九一〇—一九七〇），數學家，開創概率論、數理統計等學科，中央研究院院士。

5 龔祥瑞（一九一一—一九九六），中華民國及中華人民共和國法學家，現代法學先驅之一。

要現烤出來的麵包，母親在麵包房等了一陣，到醫院已錯過午飯時間。母親拿出麵包說：「等下午當點心吃吧。」哪知父親接過去幾大口就吃完了一個麵包。

母親問：「怎麼這麼餓？你是什麼時候吃的午飯？」

父親說：「前天。」

母親嚇一跳：「怎麼今天不吃？」

「醫生說沒有藥，禁食七十二小時。已經餓了兩天了，還得再餓一天。」父親又告訴母親西藥難買，這個西醫院沒有中藥，唯一辦法就是餓著。母親問沒到七十二小時，為什麼又吃了一個麵包？父親說不管它，先吃了再說。又把另一個麵包吃了，然後讓母親去交錢出院。

母親怕父親出院後再病，又一想，這裡除了餓著什麼藥都沒有，出去了還能看看中醫，於是交錢出院了。幸好父親出院後好好的，沒再病。

母親原有十二指腸潰瘍，在昆明住了一年多後胃病大犯。又去看那西醫，說要住院動手術。父親對那醫院已領教過了，不敢讓母親在那兒開刀，只好讓母親回北京治病。父親送母親到海防乘船，聽說路上日本人查得很嚴，百般挑剔，沒有打過預防針證明的就不放行。可是在昆明又找不到打預防針的地方，父親就去請葉公超伯伯幫忙。葉伯伯拿了一張紙，在上面龍飛鳳舞地寫了些英文，又簽了一個Dr.不知什麼名字，交給母親說：「日本人檢查就給他看這個。」母親很害怕，但又弄不到真的證明，只好帶著那張假的回北京。

父親送母親到海防上了船，然後去看了一個他在法國時的同學。那同學是越南人，用越南飯菜招待他。父親告訴我越南飯菜也挺好吃，只是有一種肉他吃不慣。那是一種包在特殊植物葉子裡，醃了多年的豬肉，吃之前不煮，生吃。他的同學家是用這種肉來招待貴客的，一人只得一小塊。父親雖然覺得吃生豬肉彆扭，但是出於禮貌還是吃了。我問他那肉是什麼味道？他說他沒敢嚼，整吞下去的。又笑著說：「豬八戒吃人參果，不知道是什麼味道。」母親走後，父親把花房退了，和二叔一起搬到一家倒閉的戲院去住。幾個西南聯大教授，每人住一個包廂。

父親一個人住在戲院包廂裡沒法養狗，就把Blacky送給了他的朋友周培源伯伯[6]，他的兩個女兒都很喜歡那狗。前些時我和我的朋友，周伯伯的小女兒周如蘋談起，她說抗戰結束後周家回北京，不能帶狗，就把Blacky送給張奚若先生[7]了。後來聽張先生說，聞一多先生[8]被暗殺後，國民黨也曾想暗殺張奚若。但因張家養了Blacky，一有風吹草動它就叫，所

6 周培源（一九〇二—一九九三），流體力學家、理論物理學家，曾任清華大學教務長、校務委員會副主任，北京大學教務長，副校長和校長，中國科學院副院長。

7 張奚若（一八八九—一九七三），政治學家，愛國民主人士，無黨派人士，中華人民共和國第二任教育部部長。

8 聞一多（一八九九—一九四六），詩人、學者、愛國主義者和民主主義者。一九四六年七月一五日被國民黨暗殺。

以特務沒能下手。張先生說Blacky救了他的命。

母親路上凡遇日軍盤查就把葉伯伯那張紙給他們看，倒也沒出差錯。只是她病還沒好珍珠港事件就爆發了，從此北京與內地路不通，信也不通。父親本來說一年之後來接母親去昆明的，也因路斷未能實現，從此兩人分別了七年。

# 七、西南聯大

母親回北京後，父親在西南聯大又教了六年書，他和二叔一起住在一個舊戲院裡。幾位西南聯大的單身教員每人住一個包廂，樓下大廳就是飯廳，請了一個廚師，大家吃包飯。同住的徐寶騄伯伯跟父親很談得來，他愛看電影，但是父親不愛看，他就拉父親去看電影。有一次許伯伯買好電影票，請父親看中午場電影。臨去之前父親突然頭疼的厲害，只好躺下睡覺，許伯伯因陪父親也沒去。下午父親一覺醒來頭疼全好了，聽見街上報童大喊賣晚報，中午電影院倒塌，壓死許多人。許伯伯趕出去買了一份回來，一看就是他們要去看的那一場，電影票還在許伯伯手裡。兩人互道萬幸沒去，不然也壓死了。許伯伯還對父親開玩笑：「大概是你祖宗知道危險，趕來打你頭上一棒，所以你頭疼不能去，連我也倖免了。」

自從母親回北京後，父親在昆明身體就很差。一是當時教授工資不夠生活，二是自己不會照顧自己。曾聽王伯母（王竹溪教授夫人[1]）和母親談起她在西南聯大時，王伯伯收入不夠養一家人，她繡花，做針線賺點錢補貼家用。母親也說過當時許多教授夫人都賣過針線，組織過繡花社。還有不少教授找第二職業兼職養家，有人弄到後來第二職業變成第一職業，辭了教職從商、從政去了。父親說那時他每次發薪後第一件事就是趕緊跑回住處，把飯費交給廚師。廚師拿到錢立刻去買米買炭，東西天天漲價，稍晚一點兒就買不到夠一個月的糧、炭了。

父親還被小偷光顧了一次，那是母親走後幾年的事。父親工資除了交飯費所剩無幾，所以沒什麼值錢的東西，在昆明幾年也沒添置過衣服。小偷不知這種情況，偷了父親一隻皮箱。父親發現後和同住的幾位聯大教師一起去追，居然找回來了。箱子裡只有幾件舊衣裳，不值錢，箱子又大又顯眼又舊又破，不便攜帶，所以小偷把箱子連衣裳都扔了。可見父親當時的家當連小偷都看不上了。

聽母親說過，黃子卿伯伯家人口多一些，最困難的時候連米飯都不夠吃，有時候全家喝粥當飯。現在全世界人用的冰點零度是黃伯伯測出來的，這樣頂尖級的科學家在那個年代是忍饑受凍堅持教書育人的。

1 王竹溪（一九一一—一九八三），物理學家、教育家、文字學家。北大物理系教授。

我曾在網上看到過一份西南聯大教授工資單，這個工資單是分成北大、清華、南開三個部分列出的。我在工資單裡看到我父親的名字，我認為這個工資單是真實的，但不是西南聯大的工資，是三校合併到西南聯大前在原來學校的工資。因為我母親曾告訴我父親在清華時的工資，與這個工資單上的一致，所以那是抗戰前清華的工資表。抗戰期間中國物價上漲了三百倍，西南聯大教員工資漲了五倍，這是為什麼教授們普遍生活非常困難的原因。不但教員，連校長也入不敷出，梅貽琦校長夫人都自製糕點提籃到街上叫賣，以補貼家用。校長夫人上街賣糕無形中也鼓舞了教授們與校長同甘共苦，堅守崗位的決心。如果校長高官厚祿，教授食不果腹，那西南聯大早散了。

父親有位朋友——李唯果教授[2]到三青團辦培訓班去了。他邀請父親去兼課，報酬比西南聯大高得多。可是父親對國民黨不感興趣，不想從政，婉拒了這個差事。當時是八月份，沒過幾天龔祥瑞伯母來找父親哭。說龔伯伯沒收到西南聯大聘書，下學期聯大不聘他，當時再找別的學校已太晚了，可是九月份家裡就沒米下鍋了。父親想起李先生的邀請，就請龔伯母回去問龔伯伯願不願意去教三青團培訓班。龔伯伯來說為了養活一家人，他別無選擇只好去。這樣父親和李先生聯繫，龔伯伯去教了一年書。可是那個培訓班要求全體教員入國民

[2] 李惟果（一九〇三—？），曾任西南聯大教授，後從政。為中華民國政治人物。

黨，他也只好入了。第二年西南聯大給了龔伯伯聘書，他立刻放棄高薪回聯大教書，國民黨的活動也不參加了，等於脫黨了。這麼多年他的學術成就是有目共睹的，可是文革中紅衛兵揪住他入過國民黨的事不放，父親給他寫過外調材料，底稿現在還在我手裡，所以我知道。如果龔伯伯想升官發財，他就不會回西南聯大了。

七〇年代初，父親在聯大的學生段阿姨來看父親，說真沒想到父親比在聯大時胖了，更精神了。可見那時父親瘦弱到什麼程度，七〇年代父親已是全年犯病，母親是二十四小時的護士，給父親買藥，熬藥，打針。可他看上去還比在昆明時要好一些。

西南聯大的物質條件是很差，但精神財富卻是前所未有的充實。中國三個著名大學的精英集中在一起，隨時不分學科地交流，老一輩的，新一代的，國粹的，新潮的聚集在一起，互相切磋，互有教益，難怪中國近現代的大師不少都經歷過西南聯大。他們大都是學貫中西，在幾個學科中都有很高造詣的。我因為父親的關係，接觸到他們當中的一些人。比如洪謙伯伯是哲學家，他的德文水準比一般德文教授的還要好。王竹溪伯伯是物理學家，他的中文功底不比中文系教授差。趙九章伯伯是地球物理學家和氣象學家，我看見他和父親一聊幾小時，古今中外無所不及。大師就是在這種環境下造成的。

父親在昆明時，除教書外在相當長的一段時間裡擔任教授會書記。他一貫立場中立，既不是國民黨，也不是共產黨，可是在國共兩黨裡都有好朋友。吳晗伯伯，潘光旦伯伯都是他的朋友，屬於左派。國民黨那邊，陳雪屏先生是姻親，母親稱他的夫人為表姐。又是表姐，母親家太大了，我不知道我有多少表姨，而表姨夫們多半是父親的同學或朋友。葉公超伯伯和李唯果伯伯都是父親的朋友，他們大概都屬於第二職業變第一職業，從政去的那一批。而父親的指導教授蔣廷黻先生後來也從政了，到民國政府做了官。父親自己不參與政治卻關心國事，也敢表明自己的立場。在昆明時他曾參加過邱清泉（一九〇二—一九四九）部的軍官與聯大教授的座談會，他在發言中主張國共合作，共同抗日。這種立場對協調教授中左、中、右派的矛盾比較有利。父親一貫待人以誠，他幫人從不夾雜私念，總是盡心盡力，也不圖報。所以他要辦什麼事，有關的人也總給他些面子。另外他在學術上的成就也使他說話有一定威信，尤其在清華和聯大這樣名牌大學的教授中，這一點是相當重要的。當然父親確實有點兒「愛管閒事」，往往充當和事老。我小時候看見過不止一次，不管是因公事有矛盾，或因私事鬧意見，雙方來我們家談或父親上門去勸的。

父親在西南聯大教蒙古史和中國近代史兩方面的課，但他那一時期的著作偏重於蒙古史，他翻譯剌失德丁的《集史》，寫了一些關於元史的文章，也做過一些關於元史的講座。一九四三年春，他去重慶參加過歷史學會。但是那次會後就沒有什麼活動了，可以說是虎頭蛇尾。

抗戰的兵荒馬亂和後方的艱苦生活從未阻斷過中國知識分子對發展祖國文教事業的努

力和為建造一個強大的祖國的追求。西南聯大的教師們在缺少儀器、圖書、教師宿舍的條件下，自己創建實驗室，編寫教材，躲轟炸時在野外，向學生傳授知識。為中華民族的文化薪火得以傳承，他們無怨無悔地奉獻了自己的心血，父親是他們中的一員。聽說有外國記者問一位原中國學者，為什麼西南聯大會出大師，中國學者說是因為自由。我覺得這是外因，還有內因，那就是中國知識分子的良心和信念。國難當頭，有血戰沙場的戰士，前仆後繼拼死抗敵為保國不亡。有手無縛雞之力的書生，忍饑挨餓傳授民族文化為保種不滅。這就是西南聯大精神。

一九四五年，抗戰勝利了，父親收到英國大英文化委員會的邀請，聘請他到牛津大學任訪問教授一年。同時陳寅恪先生[3]要到英國治眼疾，父親與他一路，可以照顧他，幫他辦一些手續之類的事情。父親托陳岱孫表伯父[4]給母親帶了一封信，到南京找陳寅恪先生的妹夫俞大維先生幫助辦下護照（當時辦護照不太容易，所以父親找俞大維先生，因他是當時

3 陳寅恪（一八九〇——一九六九），國學大師、歷史學家、古典文學研究家、語言學家、中央研究院院士、民國初年清華大學國學院四大導師之一。後任教於嶺南大學，中山大學。

4 陳岱孫（一九〇〇——一九九七），經濟學家，中央財經學院校長。曾任清華大學、西南聯大、北京大學教授，北大經濟系主任。

的軍政部常務次長），就和陳寅恪先生、孫毓棠伯伯[5]、洪謙伯伯[6]、沈有鼎伯伯[7]一起去倫敦了。

5 孫毓棠（一九一一—一九八五），歷史學家，先後任教於西南聯大、清華大學。一九五二年起先後在中國科學院經濟所、歷史所任研究員等職。

6 洪謙（一九〇九—一九九二），哲學家，是維也納學派唯一的中國成員。歷任武漢大學、燕京大學教授、哲學系主任，北京大學教授、外國哲學研究所所長，中國社會科學院哲學研究所研究員。一九八四年被維也納大學授予榮譽博士學位。

7 沈有鼎（一九〇八—一九八九），邏輯學家、哲學家、教育家。

# 八、英國

父親一行是坐飛機去倫敦的，在牛津大學住在教員宿舍裡，到教員食堂吃飯。每週有一天校長與教員共進午餐，大家可以提點兒建議，與校長談談。父親也參加這個午餐會，不過食物是百年一貫制的一塊白水煮牛肉。父親說那塊煮牛肉實在是不怎麼好吃，但是能吃到這塊不怎麼好吃的牛肉是一種榮譽和資格，所以大家也都以此為榮。父親本來吃牛肉，因為祖母說過：「沒有牛耕地，人就沒有飯吃。牛對人有恩，不要吃它的肉了。」父親從此不吃牛肉。但是從英國回來後，西餐的牛肉他吃，說是：「歐洲的農民用馬耕地，他們養牛就是為了吃的，不讓牛耕地。」家裡買了牛肉，母親做成羅頌湯或炸牛排，父親就吃，紅燒牛肉就不吃。有一天母親做了羅頌湯，父親喝湯，母親說：「這牛是中國牛啊。」父親說：「可這湯是西餐哪。」我和母親都笑了，父親耍賴。

父親在牛津主要是繼續研究蒙古史，他受BBC廣播電臺邀請作過一次講演，據說反映很好，但我沒辦法得到講稿，不然可以收入他的文集。

父親在英國正值第二次世界大戰剛結束，西方各國經濟蕭條。他說當時英國人民生活很艱苦，許多人失業，有工作的收入往往也不夠開銷，大家都節衣縮食。英國是島國，食品中魚比較便宜，很多工人家庭吃飯時只有白水煮魚，撒點兒鹽。麵包，蔬菜都很貴，茶就更不用說了，是奢侈品，窮人吃不起，著名的英國牛排在那時也是很少光臨尋常百姓家的。日用品也很緊張，英國政府對許多東西採取供給制。毛紡織品是英國特產，鴉片戰爭後，英國的紡織品擠垮了多少中國的紡織作坊。但第二次世界大戰後，英國自己也沒有足夠的紡織品，每人每年限購兩身衣服。父親和英國教員一樣，買了兩身衣服（我想他必定得買點兒衣服了，他在西南聯大的衣服連小偷都看不上）。也許因為他是外籍教員，有點兒照顧，他還買了一件大衣。

他常去倫敦看正在治眼睛的陳寅恪先生，與當時在倫敦的陳源[1]、葉公超、方矩成、姜桂儂[2]等前輩均有來往。暑假裡他和幾位中國教授一起去歐洲大陸講學，路上他和洪謙伯伯坐同一間臥車，到維也納大學做過短期講學。一九四六年春，他兩次到布魯塞爾大學做過題

1 陳源（一八九六—一九七〇），文學家，一九四三年赴倫敦在中英文化協會工作，其間曾幫助李四光回到中國。一九四六年任中國民國駐聯合國教科文組織首任代表，常駐法國巴黎。

2 方矩成和姜桂儂夫婦均畢業於清華大學，在海外生活多年，一九四九年回國後一直從事翻譯和編審工作。方矩成參與《毛澤東選集》英文版翻譯，姜桂儂則是中國國際廣播電臺英語部定稿人之一。二人合著有《周恩來傳略》（英文版）。

為「中國文化的連續性」的講學。

一九四六年秋，父親準備回國，離開牛津前收到哈佛大學邀請信，要和父親簽五年合同，請他去哈佛做客座教授。父親以國事家事都不放心，謝絕了哈佛的邀請，匆匆趕回清華。

# 九、父親和母親（下）

一九四五年抗戰勝利了，清華大學大部分教員都「漫卷詩書喜欲狂」，預備動身回北京。父親卻收到英國大英文化委員會的聘請，到牛津大學任訪問教授講學一年。父親來不及回北京，就托陳岱孫表伯父給母親帶了一封信，問母親願不願和他一起去英國。北京和內地已多年不通郵，父親無法匯錢回來養家，也很難通音訊。抗戰勝利時，祖母這裡已十分拮据了。最困難的時候，五叔、六叔都到西直門火車站去拉煤，掙錢補貼家用。收到父親的信時，母親正在德國醫院當進修護士，因為除了可以學到技術外，醫院還提供免費食宿，不過母親也因為吃醫院的混合麵窩頭加重了胃病。母親想牛津大學就請父親去一年，如果她去，辦手續就得幾個月，住不了多久就要回來。家裡日子又這麼緊，五叔、六叔都該上大學了，不能再耽誤。就寫信給父親說她不去英國，把家裡情況告訴父親，讓他把給她預備的路費寄回來家用。後來哈佛大學要和父親簽五年合同，請父親去哈佛做客座教授。因為從母親的信中得知家裡的情況，父親婉拒了哈佛的邀請，一年後回清華教書。

父親回來後，清華分配了宿舍，住在勝因院六號，母親也辭了城裡的工作隨父親搬到清華。抗戰勝利後，二叔就調換了工作，從武漢大學換到清華，也在清華分到了宿舍。五叔、六叔都考上了燕京大學。祖母不放心二叔的身體，退了盔頭作的房子，搬來和二叔同住。

勝因院的房子是新蓋的，那地方原是一片農田，有很多田鼠。蓋房後地裡沒有東西吃了，田鼠就往人家裡來找吃的。房子是地板地，被老鼠咬了許多洞。母親經常用水泥堵田鼠洞，堵上舊的，田鼠就打新洞，老鼠藥，老鼠夾子全沒用。偷吃不說，還咬壞東西。父親書很多，有一次發現書也被咬了，父親急了，母親趕緊問朋友要了一隻貓。我還記得那只大花貓，很會捉老鼠，還下了幾窩小貓。父親不大喜歡養動物，只有貓例外。雖然從不和貓親近，但凡有吃剩的魚頭魚尾總不忘扔到貓碗裡去。他的書多，也招老鼠，所以我們家經常都是有貓的。

母親不是一個貪財的人，即使是最困難的時候也沒抱怨過父親掙錢少。父親工資高時，她就多花點兒，工資少時，她就少花點兒。每次領了工資，母親第一件事是把祖父的生活費五十元寄去。剩下的，給父親一些零用錢，當然也有我的，小學時每月五毛錢，上中學後漲了，每月一塊。這在當時是不少的，那時北京最低生活標準是每人每月十二塊五毛。母親有一個自製的夾子，分成許多格，她把糧食錢、煤錢、菜錢、保姆工資，其他家用錢分門別類放入不同的格裡。如果上個月有剩下的，她就去銀行把它存起來。父親從不過問家裡錢怎麼花，一切由母親做主，他只等著一天三次母親叫他：「心恆，飯好了。」六〇年代初，他買了幾部影印的書，有《太平御覽》、《冊府元龜》、《資治通鑑》都很貴。書店送書來，他就告訴母親多少錢，母親趕著騎車去銀行取錢給他交書錢。我記得哪一部都得幾百塊，父親好像從來不擔心母親拿不出錢來。母親從不買沒用的東西，她總是必要的先買，有多的錢再添置其他東西。錢再少也要留一點以防萬一的，不會把錢都花光，不然她不踏實。父親不知他名下有多少存款，但他知道母親過日子是有計畫的，所以他樂得不管。

父親寫文章極精練，這和母親從不嫌他掙錢少有一定關係，他不必為多拿稿費而多寫一個字。如果母親成天吵鬧，要父親寫文章掙稿費的話，父親的文章就不會有現在這麼高的水準了。

小時候母親做針線，怕我鬧，就給我幾軸線玩兒。那些線是桃紅的，蘋果綠的，淺紫的。大一些了，我覺得奇怪，從沒見過家裡有那些顏色的衣服，我問母親：「你年輕時穿這種顏色的衣服嗎？」母親說那不是為做衣服用的，是用來換米換油換菜的。我說那賣米賣油賣菜的用這種顏色的線做衣服嗎？母親說他們也不用這些線做衣服，他們用這些線換別的東西。一九四九年前物價飛漲，父親發了工資就得飛跑回家把錢交給她，她拿到錢就立刻出去搶購東西。先把糧食和煤買了，再買油鹽醬醋，剩下的全買了肥皂、煤油、火柴、線囤積起來。每天要買菜買別的東西時就用這些東西去換，不是用錢買。父親也說過那幾年教員生活都很苦，又打內戰，大家都很難過下去了。全國各大學都捲入反飢餓、反內戰的運動，像父親這樣一向不參加政治運動的教授也參加了部分運動。一九四七年夏，他在反對國民黨反動派企圖鎮壓學生的座談會上曾為學生辯護，說學生搞運動是有原因的。那時他還沒有和共產黨接觸過，只是憑知識分子的良心和做老師對學生的愛心來說這些話，他也在反飢餓反內戰的宣言上簽過名。我問他為什麼這麼做？他的回答極簡單：「餓極了嘛。」我想他的意思是官逼民反吧。雖然他自己不會經營，但有母親操持，也不至於怎麼餓著他。這個餓極了當指廣大人民，不是說他一個人。

母親懷我時身體不好，日子又艱難，我是早產，而且是剖腹產，因為打了麻藥，許久不醒。父親在產房外等，看見護士抱著不足五斤的我，推著昏迷不醒的母親出產房，急得昏過去。母親醒來已是半夜，看見自己睡在一張病床上，父親睡在另一張病床上。父親見母親醒過來才放了心，也不再昏了。這一次手術用光了父親所有的外匯儲蓄，母親說如果沒有那點兒錢，我們母女兩個都沒有命了。

我是一九四八年初出生的，當時父親三十八歲，母親三十六歲，我對父親最早的記憶是他送我上幼稚園。我記得是冷天，他穿一件深灰色的呢大衣，微駝著背，從清華勝因院到西院去。一路上有很多引起我興趣的東西使我停下來，到現在我還記得為看河裡的白鴨子，我耍賴不走。父親總是一手牽我，一手指著前邊說：「走了，走了，前邊還有。」他是趕著去上班的，可是哄小孩非其所長，往往拿我沒辦法。他那件呢大衣可以算他的標誌，是他去牛津大學講學時在英國買的。後來正面磨光了，母親把它翻了一面，一直到他去世都是這一件，穿了二十七年。

一九四九年共產黨圍住北京城的前一天，母親帶我進城回娘家。沒來得及回清華城門就關了，我們被圍在城裡。父親一個人在清華，急了一個月，城門開了，他急忙進城去接我們。晚上他到府學胡同去看北大的朋友，那時他在北大兼課，圍城期間他也沒法去上課。對北大的幾位教授（據父親「文革」交代有王鐵崖[1]、龔祥瑞、樓邦彥[2]、袁家驊[3]等幾位伯伯）講解放軍進清華後，在清華禮堂和師生開聯歡會，並分出小米接濟清華師生，大家感到如何興奮等情況。這是父親第一次接觸到共產黨和解放軍，像他這樣的知識分子是習慣用自己的腦子去考慮問題的，宣傳和說教對他都起不了太大作用。經過一個月親眼目睹解放軍在

1 王鐵崖（一九一三—二〇〇三），法學家、教育家、社會活動家，北京大學法學院教授，北大國際法研究所創始所長，曾任中國國際法學會會長，國際法研究院院士，聯合國前南國際刑事法庭法官。

2 樓邦彥，一九三六年畢業於清華大學政治系，並留學英國。曾任西南聯合大學副教授，武漢大學、中央大學、北京大學、北京政法學院（更名中國政法大學）教授，北京市司法局副局長，著有《中華人民共和國憲法知識講座》等。

3 袁家驊（一九〇三—一九八〇），江蘇沙洲人，語言學家。北京大學英文系畢業後留學英國。歷任昆明西南聯大、北京大學教授。

清華的所作所為，國民黨二十多年對他灌輸的共產黨共產共妻，殺人放火之類的宣傳，徹底土崩瓦解了。四七—四九這兩年間，他經歷了一場巨變，親眼看到兩個黨，兩種軍隊。事實教育了他，使他決定摒棄國民黨，選擇共產黨。以後幾十年間，雖然有過數度坎坷，但我深知他對這一選擇是至死無悔的。

共產黨取得執政權後不久，父親的工資就改發小米和米票了。我曾在母親的梳頭盒裡找幾張很小的紙，上面印著小米多少斤。我問母親那是什麼，她說是米票，換小米用的，是父親的工資。我很奇怪，為什麼工資不是錢，而是小米。母親說一九四九年前用金圓卷，錢比紙還便宜，而且賣東西的人還不愛收。共產黨統治以後，父親工資改發小米或米票，在政府開的糧店裡，米票一定能換成小米。所以米票值錢，米票可以買到任何一種生活用品，母親也是用米票還完了之前欠的債。

五一年父親去蘇北土改，我當時不懂是怎麼回事，只知道父親很久沒有回家。過了許多年，我有十來歲了，有一次吃飯時不知怎麼說到土改。父親說因為他去的那個地方有土匪，常常下山劫人，入村搶糧，所以上級還發給他一支手槍。我因為家裡從來只有書報紙筆，忽然聽說父親還有過一支槍，興奮不已，忙問父親槍法如何。父親卻顧左右而言他，母親也及時插進來說別的。我感到我那個問題大概問得不大對頭，於是低頭吃飯沒再追問。現在想來，父親大概從未用過那支槍。不說他會不會用，就憑他的視力也很難學會瞄準。他是近視眼，到底多少度他自己也不知道。他從法國留學回國後就一直用一副鏡片，是在法國留學時巴黎馬路邊上一個賣眼鏡的小販給配的。父親說他沒有驗過光，那小販有兩箱鏡片，一個帶夾子的鏡框。他用那鏡框夾上兩個鏡片讓顧客試試看，看不清楚就換兩片，一直換到合適為止。再挑個合適的鏡框鑲上那兩個鏡片，賣給顧客，父親就是這樣買了一副法國眼鏡。母親曾要父親去眼科查一下，因為這麼多年了，眼睛可能有變化，需要重配一副。父親說挺清楚的，用不著重配，不肯去看醫生。「文革」期間，父親可能除了近視又添了老花，不看書時戴眼鏡，看書就得摘下來。母親見父親一手舉著眼鏡，一手拿著報紙在看，就又提出再配一副眼鏡。父親還是不肯，說看書不戴眼鏡是因為近視眼好了，用不著戴眼鏡。母親說過幾次，父親不聽，氣得母親說：「書呆子都有些怪脾氣，以前清華就有幾大怪的，你也快成北大一怪了。」父親不看電影，說電影太快看不清。以這樣的視力怕是很難講槍法了，那支槍大概只起了一個擺設的作用。

父親從蘇北回來時很瘦，查出傳上了肺結核。醫生讓全休一年，但半年父親就上全班了。我還記得母親和他吵架，不讓他去上班，還鼓動我去和父親鬧。我那時很小，仗著有母親撐腰，堵住門不許父親出去。當然沒用，父親輕輕一提就把我抱開了，任憑我在他背後跳腳哭叫，頭也不回去上班了。母親沒辦法，只好買了大瓶魚肝油給父親吃，她從來也沒有忘記過什麼時候父親該吃魚肝油，可父親從來不記得他自己該吃魚肝油。後來父親的肺結核是完全好了，可是身體從沒強壯過。幾十年裡母親不斷地研究營養學，收集了不少偏方。她去世後我還在她的筆記本裡看到其中一些，工筆小楷抄的，記得父親生前她確實做給父親吃過。有些偏方十分麻煩，她一個人又炒又磨，再做成丸，弄成餅，我們家的廚房變得像個小藥鋪。有個治氣喘的偏方是一斤核桃仁，一斤花生米，一斤黑芝麻，炒熟。壓成粉，加上蜂蜜和勻，做成二錢一個的丸子，每日早晚各一丸。母親足足忙了兩天，做出來給父親一丸，眼看著父親吃完問：「怎麼樣？」

父親說：「不錯，再來一丸。」

母親叫起來：「胡說。這是藥，哪能再來一丸？」

父親裝出驚訝的樣子說：「是藥嗎？我以為是元宵餡兒呢。」說完對我擠一下眼睛。母親還是早晚一丸，把那一缸「元宵餡兒」給父親吃完。

父親夜盲，母親就蒸胡蘿蔔給父親吃，說是胡蘿蔔素治夜盲。可是父親不愛吃，母親蒸一碗，他只吃半根，把其餘的都塞給我，還說：「吃吧，小孩吃胡蘿蔔眼睛好。」十幾年裡我莫名其妙地吃了不知多少白蒸胡蘿蔔，到現在我倒是一點兒也不夜盲，不知是不是因為吃了那麼多胡蘿蔔。

醫生說父親氣虛哮喘，聽說雞蛋補氣，困難時期母親養了十四隻雞，確保父親天天有雞蛋吃。她在院子裡用竹竿圍了一個圈，自己每天把兩個雞籠搬上搬下。把一件破襯衫改成一個口袋放在我書包裡，我每天下學回家路上摘野菜餵雞。我還去未名湖邊摸過螺絲，母親怕我掉進湖裡，不許我再去。給了我一個瓶子，我回家路上捉蝗蟲、螞蚱、蛐蛐、蝸牛，帶回來餵雞。

父親可能覺得自己什麼都沒做，可是天天吃雞蛋。有一次在路上看見一個鹹帶魚的頭，趕緊兩個手指捏回來，交給母親，說：「可以餵雞。」

父親在清華教書時還在北大兼課，我記得每週都有一兩次，太陽下山時我趴在窗臺上往外看，等父親回來。總是天快黑了他才夾著書從路口的樹叢後轉過來，那是他從城裡北大下課回來。他在北大兼課好多年了，一九四九年前可能因為負擔重，除了家用，五叔、六叔都在上大學。雖然他兼課，還是敵不過物價飛漲，母親每月底都要舉債。一九四九年之後經濟情況好多了，但他不會因為自己情況改善就不管北大的需要了，他還是繼續兼課。他在北大有許多朋友，如向達[4]、王鐵崖、楊人楩[5]、金克木[6]、鄭天挺[7]等伯伯，都是多年故

4 向達（一九〇〇—一九六六），字覺明，號覺明居士、別署方回、佛陀耶舍。歷史學家、敦煌學家、中外交通史家、版本目錄學家、翻譯家。

5 楊人楩（一九〇三—一九七三），歷史學家，擅長世界史研究，曾任北京大學教授。

6 金克木（一九一二—二〇〇〇），文學家、翻譯家、語言學家，同時研究梵學、印度文化。一九四八年後任北京大學東語系教授。

7 鄭天挺，一八九九年八月九日生於北京。歷史學家、教育家，曾任教於北京大學、西南聯大和南開大學等校。

交。鄭天挺伯伯還和父親計畫合教清史，鄭伯伯教清朝的內政，父親教清朝的外交。可惜院系調整後鄭伯伯被調到天津南開大學，兩個人失去了合作的機會，不然這將會是一門非常經典的課。

五二年院系調整前，清華教職員和家屬都要檢查身體，有一天歷史系全體教職員及家屬到燕京大學校醫院照透視。那時清華和燕京之間有一大片農田，父親背著我和大家一起在田間小路上走，大家又說又笑。照透視後不久，父親帶母親和我去燕南園五十二號看房子。以前向沖伯伯一家住在那兒，他們馬上要搬到人民大學去了。看房子回來，母親把燕南園五十二號畫了一張平面圖，把每一件家具都在圖上安排好位置。預備搬家時就按圖放家具，不至於忙亂。

搬家時父母大忙一陣，父親只管書，母親包管其他一切和我。東西都上了車，但我們的大花貓不見了，不管我們怎麼叫她，她也不露面。母親說狗認主人，貓認家，貓不想離開這個地方。父親說這麼多生人來搬東西，貓害怕，躲起來了。不過房子的新主人會收留她的，因為有那麼多的老鼠，誰家住這兒也得有個貓。

北大的房子是兩層樓，父親一再囑咐我上下樓要小心，不要蹦蹦跳跳，小心滾下樓梯，但我還是不止一次從樓梯上滾下去。

在燕南園我們又養了一隻灰貓，這只貓先把家裡的老鼠都吃乾淨了，然後就從外邊逮老鼠回來吃。

搬到燕南園後，我上五院幼稚園，就在燕南園一下坡不遠。第一次上學是母親送我去的，後來就自己去了，每天和左鄰右舍的小朋友一起去一起回來。搬去不太久母親就去上班了，她在教室樓的三層，父親主持的一個編輯室做英文打字員。這個編輯室不是一個長期機構，編完《中國近代史資料叢刊》就會解散，他們又不需要一個全天的打字員，因為沒有那麼多東西要打。當時找工作的人大都是找全天，長期工作。這種呼之而來揮之而去的半天工作沒什麼人想做，所以父親就叫母親去打字。編輯室結束時科學院可以安排母親工作，可是父親讓母親辭職回家來，母親就辭職了。父親的理由是母親有胃病，到歷史三所上班很遠，怕母親冬天一早等公共汽車會受寒，胃疼。但我想另一個沒有說的原因可能是，父親不願意別人說他借編輯資料的機會安排自己的家屬進科學院工作。母親英文打字是打得很好，她也是科學院在編的職員。但她學歷只是上了上海中西女塾，沒有大學畢業。五八年，進科學院不是很容易的，很多大學畢業了也進不去，如果別人要說閒話也是情有可原。父親對公私是分得極清楚的，決不以權謀私。這跟家教有很大關係，我的曾祖父雖然在清朝做過高官，但他做御史時專門參貪官，做官幾十年不貪不腐，身後未留下多少財產。父親從上中學就靠獎學金，上大學還要邊念書，邊給報社打工。這「清廉」二字是遺傳到他血液中，植入他的骨髓中的，所以編輯室一結束他立刻讓母親回來。母親是外事全不做主，父親說什麼她就聽什

麼，雖然是她的工作，可是他說了算。其實母親做過不少工作，父親在西南聯大時，她在北

京做過小學老師、護士、社會工作者，只要父親讓她回家來，她就回來了。這跟她的家庭有

一定關係，表面看她從小生長在上海，好像是時髦的海派。但內裡她是很保守的，三從四德

對她影響非常深，對她來說除了抽煙以外，父親的主張都對。

大約是五六年，北大蓋了三公寓，父親決定搬家。燕南園要自己燒暖氣，父親不會做家務，冬天母親自己燒鍋爐，我幫助砸煤搬煤。父親覺得母親太辛苦，三公寓雖然小一點，但統一燒鍋爐和熱水，母親不用再受累，所以他決定賣掉一部分家具搬家。他去登記房子時，正好遇到我的十姨夫生物系湯佩松教授[8]也去登記，兩個人一商量就登記了住對門。

我們在三公寓一直住到「文化革命」中被逼搬家，一共住了十多年。文革前父親一直很忙，除了教書以外還有許多其他工作。他兼任科學院歷史三所研究員，北京史學會副會長，全國政協委員。兩次到呼和浩特開會，一次到烏蘭巴托，一次到莫斯科開會。每次出門前總是穿著內衣內褲站在房間當中，等著母親一邊從櫃子裡，抽屜裡，給他拿衣服，一邊說：「裡頭穿這個，外頭穿那個。上邊穿這個，下邊穿那個。」他穿衣服時，母親就幫他抻領子，拽衣襟，收拾好了還要檢查一遍，沒扣錯扣子吧（扣錯了是常有的事）。等他出差或開

8 湯佩松（一九〇三—二〇〇一），湯化龍之子，植物學家、生物學家、第一屆中央研究院院士。一九一八年在加拿大被王昌刺殺。

會回來就丟盔卸甲，拖著行李，常常把手絹，襪子等落在旅館或招待所裡。真不明白，他在英國、法國是怎麼過的？母親不在西南聯大時他是怎麼過的？

在那一段時間裡，父親發表過一些文章，常常都是急趕著寫。有幾次父親在書房趕文章，雜誌社的編輯坐在客廳等拿稿。母親覺得十分尷尬，一會兒給編輯送去些報紙，一會兒又找出些雜誌，又端水又送煙。等父親交了稿，編輯走了，母親就對父親發火：「你怎麼不早點兒寫出來？你見過誰家有編輯坐等取稿的？」有一次父親說要寫一篇論文，結果兩家雜誌搶著要發表。父親沒辦法擺平，只好答應寫兩篇，一家一篇，那次父親是趕了一篇又趕另一篇。

一九五〇年代到一九六四年是父親學術上最有成就也最成熟的一段時間，他經常開新課，講授他正在研究的問題，深受學生歡迎。他為本科高年級和研究生開過一門史料學，不但北大的學生，北京市其他大學歷史系的研究生也來聽，聽說還有從天津來的學生。我知道的有後來和我們為鄰的王汝豐老師[9]，還有我高二的班主任林克光老師[10]，他們兩位都是從人大來。高二開學前，老師家訪，父親聽說是我未來的班主任，忙說「林老師請坐。」林老師說：「您是我的老師，我是您的學生，我在人大念研究生時上過您的史料學。」結果兩個

9 王汝豐（一九二七—），一九五三年畢業於雲南大學歷史系，曾任教於中國人民大學、北京大學。

10 林克光（一九二九—），清史研究專家，曾任中國人民大學清史研究所教授。

人談了一下午的歷史。

那幾年父親重點研究了中國資本主義的發展，他寫了一系列這方面的文章：〈關於洋務派民用企業的性質和道路〉、〈洋務運動和中國資本主義發展關係的問題〉、〈論鄭觀應〉等。除了這幾篇外，他原準備參加「四清」回來後再寫一系列文章，但因那場史無前例的浩劫，他未能將自己一生的研究成果留給後人。

母親對父親寫文章不持鼓勵態度，父親寫東西就要抽煙，這是父母吵架的主要原因。父親喜歡晚上寫東西，因為安靜。母親總是灌好兩大暖瓶開水，就帶我去睡覺了，讓父親安安靜靜寫文章。第二天一早，母親起來就去開書房的門，然後就叫起來：「心恆，你不要命了？怎麼抽這麼多煙？房間裡都是煙，人在哪兒都看不見了。」說著給父親加一件厚衣服就去開窗開門，拿家裡最大的那把扇子，站在房間當中拚命扇，把煙扇出去換空氣。我想如果有人在那個時候看我們家的窗戶，也許會以為我們家著火了，怎麼會從窗戶裡冒出煙來。母親一邊不住手地扇，一邊不住口地數：「你抽了多少煙？煙灰缸都漫出來了，你身體不要了，你氣管都要被煙油糊住了，你怎麼能不咳嗽？」說著又倒煙灰缸，倒水，拿複合維生素和魚肝油給父親吃。如果這時有那「元宵餡兒」的話，肯定要讓父親吃一丸。然後去熱牛奶，臥雞蛋，忙得團團轉。她從不在乎父親掙不掙稿費，她只在乎父親的身體。父親去世後母親想起來還恨恨地說：「都是煙害了你爸爸。抽旱煙的人常常要通一通煙杆的，每次都通出好些煙油來，可見抽煙是會有煙油的。你爸爸抽了那麼多年煙，煙油都積在氣管裡，把氣管糊住了。要是能把他的氣管通通，把煙油清出來，他就不會那麼早去世。」我實在是無法想像怎樣通氣管，但我覺得比起那些逼著丈夫弄錢，幫著丈夫弄錢，甚至自己出面索賄收錢，最後把丈夫送進監獄的官太太們來，母親確實是非常賢慧的。

父親最怕囉嗦，所以他的文章很精煉，沒有廢話。據張注洪叔叔[11]說，他幫父親收集了十三輪車拉的參考材料，父親研究以後寫出兩篇文章──〈我國南沙群島的主權不容侵犯〉和〈西沙群島是中國的領土〉。我數了數，兩篇文章加在一起一共九頁，六千多字。從十三輪車的材料裡提煉出六千字來，含金量之高可想而知。

五七年以前父親只是咳嗽，母親著急，父親說是感冒了。母親說：「哪有一年四季感冒的，就是因為抽煙。」我們不知道父親是過敏咳嗽，當時醫生也不太懂過敏，不知給父親錯吃了多少銀翹解毒丸。「文化革命」前一年，協和醫院耳鼻喉科的張慶松大夫開始治療過敏性呼吸系統疾病，父親去看了，似乎病情有所減輕。但不久「文革」開始，父親和張大夫都被各自的單位關進牛棚，從此再沒有機會找張大夫治病。

大約是五七年夏末秋初，一天半夜，系裡突然來人敲門。說父親以前的同事兼朋友丁則

11 張注洪（一九二六──），北京大學歷史系資料室主任、教授，中國近現代史史料學學會名譽會長。

良叔叔[12]在未名湖自殺了，要父親去幫助料理後事。父親又驚又急又悲，驚得是他不知丁叔叔來北京，不知他為什麼自殺。急得是他還有妻子及年幼的孩子在東北，不知他們怎樣了，以後如何生活。悲得是丁叔叔英年早逝，痛失英才。父親沒顧得上多穿衣服，急急忙忙趕到未名湖，半夜湖邊風大，他著了涼。回來後就病了，咳嗽發燒。有一天他突然發出像火車汽笛一樣的叫聲，母親和我都不知道怎麼回事，我們從沒聽說過有這種事。母親說：「心恆，你怎麼了，不要叫，你有什麼事說出來，說出來，不要叫……」父親什麼也不說，還是叫，一邊不停地搖手，大口喘氣。母親給父親捶背，我趕緊去到了一杯水。父親喝了水，母親不停手地捶，父親又叫了一陣才慢慢停下來，臉都憋青了。父親說他沒有叫，那聲音是從喉嚨裡自己發出來的，他想停但是停不住。母親嚇壞了，趕緊送父親去醫院。醫生說這就是典型的哮喘，那聲音就是「哮」，是氣管收縮得太窄，空氣進出不暢發出來的聲音。父親吃了治氣喘的藥，漸漸好了。那次一共病了兩個星期，以後每年夏末秋初就犯喘病，而且一年比一年犯病的時間長。

一九六四年暑假，父親去瀋陽開會。去了沒幾天，晚上大約九點鐘了，系裡派人來說父親在瀋陽病了，他們已給買好了火車票，讓母親和我立刻去。我當時剛上高中，不知厲害，

12 丁則良（一九一五—一九五七），歷史學家，清華大學歷史系畢業，先後任教於西南聯大、雲南大學、清華大學和東北人民大學（今吉林大學）。

以為就是病了。母親卻極為緊張，她大概知道叫家屬立刻去是什麼意思，不是病重就是病危。我們匆匆收拾了換洗衣服，放進一個小箱子裡。母親又把家裡所有的錢都帶上，坐火車往瀋陽趕。車出山海關，大雨傾盆，鐵路兩邊的玉米，高粱大半泡在水裡，只露出一個頭。到了瀋陽大雨還在下，汽車如汽艇在水中開。我和母親雖然穿了雨衣，可還是從頭濕到腳。進了遼寧大廈，兩個人的身上不斷往下流水，小箱子更是水流如注，把遼寧大廈前臺的地上弄濕了一大片。母親說了父親的名字，我們是他的家屬，來找他的。前臺服務員打電話去父親房間，過了一會兒，父親好好地走出來了。我和母親都嚇了一大跳，父親也嚇了一跳，問：「你們怎麼來了？」母親說：「瀋陽市的副市長打電話給歷史系，說你病了，叫我們快來。系裡給買的火車票，讓我們連夜趕來。你怎麼自己下樓來了？你得的什麼病？」

原來是前一天下午父親在遼寧大學作學術報告，本來說在禮堂講，可是瀋陽市通知全市大中小學的歷史老師都來了，禮堂坐不下，只好改到大操場。講臺朝西，父親講了一下午也曬了一下午，可能有點中暑。又悶，氣壓低，要下雨，回到旅館父親就發了哮喘。系裡同來的只有許大齡叔叔[13]，他趕緊聯繫主辦單位，瀋陽市副市長也來了。他們都沒見過哮喘，見父親臉色發紫，說不出話來，只聽見「哮」聲，很緊張。立刻派車送父親去了陸軍醫院，給

[13] 許大齡（一九二二—一九九六年），明清史學者，長年任教於北京大學歷史系。

他吸氧，打針。跟著就下起大雨，氣壓升上去，父親就好了，只在急診室住了一夜就回旅館了。他不知道還有人給系裡打了電話，更想不到我們會來。許大齡叔叔和來開會的人都去薩爾滸看明清大戰的戰場去了，父親因病沒去，不然我們來了還找不到人呢。

陸軍醫院怕父親肺部感染，給父親連續作了三天吸氧加抗生素的治療。到瀋陽的第二天，我們陪父親去醫院。路過一條比較窄的街，雨已停了，可是路邊的居民都在用簸箕從屋裡往外掏水，無線電裡說遼寧水災。

回北京的路上是和許叔叔還有一位人大的教員同一車廂，父親因病沒去參觀薩爾滸，許叔叔把他的見聞詳詳細細講給父親聽。三個人又做竟夜長聊，我實在熬不住睡著了。第二天早上父親把我叫醒，說馬上就要到北京站了，別人都起來了，只有我這個睡得最早的不醒。

父母還帶我去過兩次青島，都是我年幼的時候。印象最深的是海，第一次看見它時我大概三歲，有點怕，那麼大，一望無邊。後來也下海去「游泳」，不過是父親抓住我的兩手在水裡跳跳而已。父親也游泳，可是只能換三口氣。母親問他為什麼不能多換幾口？他說上大學時，清華的游泳池太短了，用不到換四口氣一定能游到對岸，所以從沒換過四口氣。

我們還拜訪過山東大學的孔令仁姑姑[14]和一位姓鄭的伯伯。孔姑姑開朗活潑，母親很

[14] 孔令仁（一九二四—二〇一六），山東大學教授、孔子第七十六代後裔。

喜歡她，說她大方。她不但和母親說話，還和我聊天，我就誤把她當成我的朋友了，開口就叫她姐姐。後來父親告訴我該叫她姑姑，她是陳慶華叔叔[15]的同學。我很吃驚，我以為她是高中學生呢，她怎麼看上去比陳叔叔年輕了這麼多？那位鄭伯伯家有個男孩，本來男孩女孩就不太玩得到一起，又認生，只是客客氣氣地對坐著，沒什麼話說，父母和鄭伯伯鄭伯母卻聊得很熱鬧。那時候的孩子可真老實，乾坐幾個小時誰都不鬧。吃飯時桌子很大，也許是我小，所以覺得大，兩家人圍著坐還很鬆的。

六一年父親還帶我到大連去了兩週，母親沒去，她不放心家裡養的雞。困難時期，雞成了寶了，母親為了十四隻雞沒去大連。她怕雞死了，我們回來後，父親沒有雞蛋吃。

那次是全國政協組織的，同去的有吳文藻伯伯和他的夫人謝冰心[16]及兩個女兒；江澤涵伯伯[17]、伯母和他們的兒子；鐘惠蘭大夫[18]和他的兒子小鐘大夫；馮友蘭伯伯[19]、伯母；林

15 陳慶華（一九二一—一九八四），一九四六年畢業於西南聯合大學歷史系、一九四九年北京大學文科研究所史學部研究生肄業，歷任北京大學講師、副教授、教授。

16 吳文藻（一九〇一—一九八五），社會學家、人類學家、民族學家。妻子為作家冰心（一九〇〇—一九九九）。

17 江澤涵，數學家、教育家，中國科學院院士，長期任教於北京大學數學系。

18 鐘惠蘭，任職於協和醫院，是寄生蟲傳染病專家。

19 馮友蘭（一八九五—一九九〇），哲學家、教育家，曾任清華大學教授、哲學系主任、文學院院長，西南聯合大學教授、文學院院長，北京大學哲學系教授。

漢達伯伯[20]；孟繼懋大夫[21]和夫人，張孝謙大夫[22]等。因為去大連會到海裡游泳，去之前母親給我新剪了頭髮。冰心伯母看見了說好，把她兩個女兒的頭髮全按我的樣子剪了。白天我們經常去游泳，也去參觀過一些地方。印象最深的是參觀旅順港，看到日俄戰爭時的大炮，又大又重，可是聽說威力與體積不成正比。晚飯後大人經常是在一起聊天，有時由一個人做主要發言，其他人提出各種問題，有時就是隨便聊。因為都是各學科的權威，即使是隨便聊聊，水準也不是一般的很高。我記得冰心伯母和馮友蘭伯伯說過笑話，小鐘大夫給大家回答過關於癌症的問題（他在腫瘤醫院工作）。我每次都是坐在一邊聽，真正體會了什麼叫高山仰止。一天下午林漢達伯伯來找父親，說他要寫一本書。說著說著就吵起來，兩個人互不相讓，聲音越來越高。嚇得我跑出房間去，他們吵了一下午，直到吃晚飯才不了了之。

回來時父親大概覺得我太小（十三歲），怕我辦事不牢，他收拾行李。我們坐船到天津換火車回北京，在天津等火車時去了勸業場。在一個賣舊字畫的小店裡，父親買了兩把摺扇，都是一面字一面畫。一把是潘昌煦的行書和周懷民的畫，另一把是郭祖勳的小篆和顏元的畫。父親說這兩把字寫得還不錯，畫也可以，就買了，我記得是三塊錢一把。我當時還覺

20 林漢達，教育家、文字學家、歷史學家。

21 孟繼懋（一八九七—一九八〇），專長領域為骨科。

22 張孝謙，任職於協和醫院內科。

得挺貴的，在合作社買一把新扇子也不過一兩毛錢。好多年，天熱了，母親就把這兩把摺扇和芭蕉扇，竹扇一起拿出來用。母親去世後，我收拾東西，看見這兩把摺扇，想起是父母常用之物，又小巧好帶，就帶到美國來了。佛羅里達終年如夏，又常有颱風，刮颱風斷電時，我也用這兩把摺扇。前些天在網上一查，原來潘、周、顏三位都是名家，郭祖勳卻是同名同姓的一位縣委副書記。原來是貴重的藝術品，趕緊把這兩把扇子收起來。由衷佩服父親的眼光，當初是一大缸摺扇，他挑了半天隻挑出這兩把，卻都是珍品。

江伯伯一家第二天坐火車回來，比我們晚一天離開大連。過了兩天，江伯母讓她的兒子送來八件東西，都是我們落在大連的。母親說父親：「還不如讓小瑜收拾行李呢，你哪回出去不丟東西？幸虧江太太細心，還給你送回來，真不好意思。」又過了些時候，林伯伯送了我們一本書——《東周列國故事新編》，我才知道父親就是為這本書和他吵架。父親看了看就把書給了我，母親問：「怎麼了？你不喜歡？」父親說：「太淺了，囉嗦。」我卻看得津津有味，那書本來就不是編給父親那樣水準的人看的。林伯伯是要普及歷史常識，我剛考上初中，這書正適合我的水準。我覺得林伯伯是做了一件很有意義的事，像他這樣的專家親自把古代經典小說或史書改寫成通俗現代漢語，對普及歷史文化和規範語言都有推動作用。

我和樓上朱德熙伯伯[23]的女兒朱眉都學鋼琴，是同一個老師教，讓我們練過四手聯彈。困難時期菜不好買，那時還沒蓋中關村二小，三公寓對面是一片空地。當時號召自力更生，開十邊地。我和朱眉都是一個人掄不動鎬，於是就「四手聯彈」，兩個人四隻手合握一個鎬，喊著「一二，一二」地開出一小片菜地來。母親到海淀買了菜種，在那小菜園裡種了菜。雖然每家只有兩張八仙桌那麼大的一塊地，可也解決了不少問題。我從沒見過父母抱怨什麼事，遇到困難他們總是立刻動手解決問題。有些問題不能全部解決，那就能解決多少就解決多少，為解決全部問題創造條件。父母對我種菜養雞都是持鼓勵態度的，父親還教我念「采菊東籬下，悠然見南山。」說像陶淵明那樣的知識分子都能種地，我們有什麼不能？人一輩子不可能都是順境，要什麼都能做，要能適應各種情況，學會克服各種困難。

母親以前沒怎麼做過棒子麵的東西，困難時期只有棒子麵，她想出法子來蒸絲糕，用蘿蔔絲做餡兒，棒子麵做皮蒸團子，用麵粉和白薯做甜餅。我們也吃過野薺菜和馬齒莧，父親對吃粗糧野菜毫無怨言，他一向是有什麼吃什麼，不講究。

困難時期買煙憑票，父親不管家事，所有的票證都在母親手中。母親規定一天只許抽一包煙，父親想多抽，沒有煙票買不到。每天早上母親發一包煙，有時父親晚上寫東西想

23 朱德熙（一九二〇—一九九二），古文字學家、語言學家、語法學家、教育家，曾任北京大學中文系教授。

要煙，母親不給，父親就自己到櫃子裡亂翻。其實煙就在他眼皮底下，不知道他怎麼就看不見。找不到只好來哄我，讓我告訴他煙在哪裡。我是早就和母親串通好了的，一問三不知，他沒辦法，只好少抽。母親說三年困難的唯一好處是憑票買煙，父親抽煙的數量減下來一點兒。

儘管母親拚命想辦法改善生活，但三年困難還是損害了父親的身體，他的體質更差了，每年喘的時間也更長了。困難時期過後，朋友介紹了一位老中醫陸航慈大夫，說是會治喘病，在菜市口附近私人開業。我們去看過，老大夫有八十歲了，病人排長隊。他開的藥每劑的種類都非常多，一劑就是一大包，熬藥的罐子放不下。母親只好用大沙鍋給父親熬藥，一大鍋藥熬成一碗藥，又怕煮糊了又怕熬不透。三伏天，母親天天自己看著鍋，小心翼翼地熬了頭道熬二道，別人熬藥她不放心。「文革」前兩年，父親每年犯病都住院，出院後到小湯山療養院住一段時間。母親隔幾天就去看他一次，大包小包地拎著東西。換洗衣裳，中藥，父親要的書。

他們一輩子從沒說過「我愛你」，也從沒有過浪漫驚喜，但是互相扶持，同甘共苦地渡過了一生。我一直懷疑，那些鑽石戒指，玫瑰花，心型巧克力對婚姻真有用處嗎？恐怕只是對首飾店，花店和糖果店的老闆有用吧。我一直想不明白，什麼是愛情？母親是哭著不同意和父親結婚的，可是外祖父不理她那一套，硬把她嫁給父親。父親一生都在保護母親，外事從不用母親操心，所以母親政治上是很天真的。父親盡自己的所有力量，給母親創造一個盡可能好的生活環境。母親從不用父親操心家務，她一輩子全心全意地照顧父親身體，幫父親做她力所能及的事情。在父親需要的時候，母親是他最忠實的幫手。兩個人共同克服了戰亂，分離，貧困，饑荒，運動中的所有困難。這是愛情嗎？可是他們從沒說過愛。

# 十、「文化革命」

「文革」開始時父親正生病，在北京醫院住院。母親每天進城去看他，把學校裡的事告訴他，當時大家都不知道運動要怎樣發展。八月中，他出院回來，看見許多親友都被批鬥，抄家，倒為自己還沒輪上而深感不安，每天晚上聽著高音喇叭裡點老朋友名的通令，常常自言自語「怎麼還沒有我？」一九六六年九月九日下午有人砰砰地砸門了，父親一躍而起，笑著對我說「好了，好了，他們來了。」紅衛兵先把家裡的東西抄檢查封了，天快黑時，讓我和母親只許待在廚房裡，把父親關在屋裡審問，拍桌子和審訊的高聲與父親平靜回答的低聲形成鮮明對比。母親擔心父親久病初愈的身體，又怕父親被打，十分焦急。倒是父親乘取東西的機會，匆匆拐到廚房門口，小聲安慰母親說：「不要著急，再對付一下他們就走了。」

小將們臨走留下「作業」，命令父親寫一篇全面交代，第二天帶到系裡去報到。母親忙準備好晚飯，讓父親吃完去寫交代。可是父親什麼也沒寫，早早就睡了。母親提醒他那份交代還沒有寫，他笑笑說「容易，明天早上再寫不遲。」說罷鼾聲頓起，一夜酣睡到天明。

我擔了半夜心，實在熬不住睡著了，母親倒是輾轉反側眼睜睜看著天亮。第二天父親起得較早，乘母親做早飯時，以他特有的寫作速度一揮而就，寫了一篇交代。從上小學到一九六六年的經歷，時間，地點清清楚楚，吃了早飯，拿了那份交代就到系裡報到去了。

我們家被抄過三次，九月九號這次抄家清單上是歷史系學生紅衛兵負責人高海林簽的字，查封了兩間房。後來又有一批人來，可是能拿走的東西都拿走了，沒抄出什麼來。於是領頭的北大歷史系學生，「校文革」常務委員劉國政，就拍桌子對我父親亂吼，大罵。第三次是一九六八年夏，兩個年輕人，別著北大學生的校徽，帶著紅衛兵的袖章，說是歷史系紅衛兵，要父親的手稿。當時只有我一個人在家，他們把所有的地方都抄了一遍，其他東西都不要，拿走約兩檔袋的父親手稿，部分是用稿紙寫的，另一部分是筆記本。我因為母親不在家，想著等父母回來要告訴他們，所以對這兩個人記得特別清楚：一個白面書生，留小分頭，不戴眼鏡。另一個稍高一些，膚色較深，臉上有些疙瘩，留學生頭，戴眼鏡。父親沒有太多未發表手稿，只有那些都被抄去，至今下落不明。

從此父親開始接受審查，監督勞動。他熬過農藥，拔草，割稻，給四層樓的學生宿舍換瓦，但從沒埋怨過苦和累。每次回來就告訴我們和誰一起幹活，跟誰一起挨鬥，總是以他和他的老朋友們一起來安慰母親和我。他從心裡沒把勞動和挨鬥當作什麼了不得的事，但是他很在乎有沒有把他和其他的老教授分開。如果他的老朋友都是反動權威，只有他不是，那他簡直是如坐針氈，不知如何是好。能和向伯伯、鄧伯伯、楊伯伯等一起勞動，一起挨鬥，他很踏實。

一九六六年秋，歷史系被揪出來的教師不分老少，都被送到昌平縣太平莊監督勞動，父親被派去熬農藥。他對農藥過敏，突發哮喘，無法呼吸，臉色變得青紫。他每次發病都是很嚇人的而且「哮」聲特別大，監督他的紅衛兵沒見過這種病，不知如何對付，讓他回來治病。父親自己帶著行李，從昌平縣做長途汽車回來了。回來後他的病雖然暫時控制住了，但從季節性變成全年性的了。以後他又被關進「黑幫大院」半年多，白天幹活，寫交代，晚上一夜喘到天明。北大「黑幫」多，大院特別擠，每人睡覺的地方大約只有兩尺寬。父親去時帶了一個單人床的褥子，第一次回來說褥子太寬鋪上放不下，要換窄的，我們才知道睡覺時是人擠人。父親怕夜裡喘打擾別人睡眠，就整夜枕著窗臺靠牆坐著。又不許他去看病，每頓飯只許吃五分錢的熬白菜。治療和營養都極缺乏，體質急遽下降，病勢日益嚴重。

從九月九日抄家以後，就扣發父親的工資，父母和我每人每月十二塊五毛生活費。母親讓父親把他的生活費都帶到「黑幫大院」去，我們母女就用剩下的每月二十五塊錢。平時我們就吃棒子麵，蔬菜，只有星期天父親能回來兩個小時，母親會買肉做好等他。父親回來後母親先讓他洗一下，然後就把預備好的飯菜端給他吃。我就把一週聽來，看到的事講給他聽，因為他在「黑幫大院」裡是什麼消息也不知道的。有一陣紅衛兵規定，要兩個人一同回家，互相監督。那段時間父親總是鄧廣銘伯伯[1]一起回來，因為鄧伯伯家裡沒人，他要到科學院去看他的夫人，和父親同路。母親請鄧伯伯一起吃飯，他客氣。父親讓他：「吃！」於是兩個人一起邊吃邊聽我「彙報」。後來覺得一家只能待一小時，太少了，兩個人「串通一氣」，各回各家，到時來我家聚齊一同回「黑幫大院」。我知道回去的路上他們兩個人就是互通消息，然後一起分析。

一九六七年六月，據說是毛澤東主席點名一批史學家標點《二十四史》，父親和鄧伯伯都在被點之列。於是他們和另一位被點的中文系陰法魯伯伯[2]一起到中華書局去上班，平時住在中華書局，週末回來。不知是不是歷史系革委會不好意思讓外單位看見他們只有十二塊五毛生活費，還是因為毛點了名，改發每月一百五十塊不知叫什麼費。本來父親和鄧伯伯不像和向達伯伯、鄭天挺伯伯那麼熟悉，但是「文革」中，兩人患難與共，所以變得互相很瞭解，成了好朋友。

「文革」前北大長期增人不增房，很多年輕人婚後長期沒有住房，「文革」中幾乎所有老教師和幹部家都要讓出一兩間房給年輕人住。一九六七年系裡通知我們讓出一間房，世界

1 鄧廣銘，字恭三。歷史學家，著有《中國史綱要・宋遼金史綱要》、《稼軒詞編年箋注》等書。

2 陰法魯（一九一五——二〇〇二年），北京大學中文系教授。

史專業的謝有實老師[3]要搬來與我們為鄰。謝老師結婚多年無處安家，他的妻子已懷孕，再不分房嬰兒生下來就得住集體宿舍了。父母對他都很同情，兩家住在一起一直相處得很好。謝老師曾在前蘇聯留學，父親也去蘇聯開過會，蘇聯的學校，教育，史學界，以及衣食住行都成了他們的共同話題。有一陣父親在中華標點《二十四史》，週末父親回來。遇上晚上不開會，謝老師就會來我們屋裡和父親聊天。

一九六七年十一月，北大兩派衝突大起之後，父親和鄧伯伯都被從中華書局揪回來，關進「黑幫大院」批鬥，勞動，交代問題。謝老師的妻子單位分了房，他們搬走了，沙敬範老師[4]搬來住。沙老師是井岡山派的歷史系負責人，也是系革委會的成員。但新北大紅衛兵要抓他，他只好住在人民大學。他的妻子孟老師在東郊工作，每天一早走，晚上回來火總是滅了。要重新生火做飯，弄得很晚才有飯吃。母親對她說，以後我們早點吃飯，洗涮，弄好後加一塊煤餅，壓一壺水。孟老師回來打開火就能做飯，也有熱水用，晚上她封火。第二天早上孟老師起得早，她先做早飯，然後加半塊煤餅，母親接著做我們家的早飯，兩家一直這樣住得很好。

3 謝有實，一九五六年留學蘇聯，一九六一年起任教於北京大學歷史系。

4 沙敬範（一九三〇—一九八九），共產黨員，曾被派往越南河內綜合大學留學。一九六〇年任教於北京大學歷史系，以越南史、近現代中越關係史為主要研究對象。

一九六八年夏天的一個黃昏，父親被關在「黑幫大院」，歷史系人事幹部何瑞田的丈夫張秀全來對母親說系革委會決定：讓翦伯贊伯伯搬到他們在成府的房子裡去，我們搬到翦伯伯燕東園的房子裡去，他們要住我們的房子，而且第二天就得給他們騰房。母親說：「我們和你換就行了，不必讓翦家搬。」張秀全愣了一下，說：「不行，這是革委會的決定。」父親被關在「黑幫大院」，只有母親和我兩個人，一夜怎麼能搬得完？母親問他能不能晚一兩天，他說不行，第二天一定得搬走。我去系裡要求讓父親回來搬家，也遭到拒絕，連面都不許見，只答應將搬家的事通知父親。

我和母親連夜收拾東西，光是父親的書就捆了半夜。孟老師回來見我們要搬走，立刻趕到人大去告訴沙老師。半夜，沙老師回來，問清是怎麼回事，非常氣憤，說：「這是何瑞田自己想占房子，我就是系革委會委員，革委會從沒做過這個決定。」可是我們還是得搬。沙老師拿了一把鎖把我們客廳的門鎖起來，母親問明天張秀全來問，我們怎麼辦？沙老師說他是非法搶房，「叫他找我。」

第二天早上。我們到翦伯伯家，看見窗戶玻璃都打碎了，貼著紅紅綠綠的大字報紙。房頂破了一個大洞，光線從天花板上射進來。翦伯伯病在床上，看見母親，拉著母親的手哭道：「你看我這個樣子還能活嗎？」翦伯母也在一旁落淚。母親只能安慰他們，勸他們想開些，多當心身體。翦家已不知被抄了多少回，張秀全前一天也到他們家去過，所以早有準備。搬走時只有幾件家具和簡單行李，他們以前的廚師用一個手推車推著就搬完了。翦伯母扶著翦伯伯步履蹣跚地離開他們住了多年的家，一群紅小兵跟在他們後面朝他們扔石子，啐吐沫。父親回來後我們告訴他，他眼圈紅了，深深地歎了一口氣，什麼也沒說。聽說翦伯伯搬走後的處境比在燕東園更慘，在燕東園他們住樓上，外邊的孩子不能隨便進來。樓下住著梁志明老師和楊安峰老師兩家人，不會讓人隨便進來亂跑。搬到成府後，住大雜院，不明真相的孩子們只知道翦伯伯是「反動權威」，動不動就闖進他家，把他和翦伯母拉出來亂打亂鬥，盡情侮辱折磨。這大概就是造反派們要三家換房的目的吧，不然為什麼張秀全不同意和我們兩家換房，一定要把翦家拉進來。

第二天一早，張秀全來砸門，氣洶洶地問母親為什麼沒搬完。母親把沙老師的話告訴他，並且說門鎖了，我們拿不出東西所以沒法搬完。他威脅母親，說母親是和井岡山兵團勾結好的，當天不搬完就要叫人來開母親的鬥爭會。母親說：「鑰匙在沙敬範手裡，你就是把我拉去遊街我也開不開門。你有辦法找沙敬範拿鑰匙，開門，我立刻就搬。」張秀全叫我們立刻去三公寓等著，就氣呼呼地走了。

我們到三公寓，沙老師和孟老師都不在家，只有沙老師的外甥（一個中專學生）在家。張秀全拿了一根通條來撬門，沙老師的外甥堵住門不讓撬。何瑞田去新北大工人兵團叫了五、六個年輕力壯的打手來，把沙老師的外甥拖到樓下路上，幾個人圍住一個中專生拳打腳踢，張秀全用通條把門撬開。我們往外搬的時候打手們走了，沙老師的外甥回來一個人躺在床上。我在他門口輕輕問他有沒有受傷，他微微搖了一下頭，但他頭臉上是有被打的印記。母親很替他擔心，說一個未成年人被幾個壯勞力按在地下用大皮靴踢，恐怕受了內傷還不曉得。

張秀全告訴我們給我們燕東園兩間房，但其中的一間已被生物系劉景榮老師占去，他的母親和外甥女住在裡邊。我們沒辦法把東西都搬走，留了一些搬不完的鎖在三公寓的一個小房間裡。其他東西全放在一間屋裡，我和母親沒地方打床，只好住到科學院十姨家，和十姨及表妹四個人擠一間房。父親和十姨父都被各自的單位關在牛棚勞改，不能回家，兩家都只發生活費。我們和十姨兩家四口擠睡在兩張單人床拼起來的「大床」上，用合起來每月五十元生活費度日。父親如果一週「表現良好」可以在週末回家兩小時，他就會到十姨家來看我們，順便也瞭解一下十姨父的情況。張秀全找我們，叫母親把東西搬走，母親問你說的那一間房在哪兒，你給我鑰匙開了門我就搬。張秀全看見劉景榮也是新北大的，沒讓他騰房。經過多次交涉，過了好久系裡給了一個儲藏室，我們才把東西全搬過來。那個儲藏室是在房子的另一邊，我們得下樓到廚房，從另一個樓梯上去。那間房是斜坡頂，只有進門的地方是可以站起來的，往裡走就變矮了只能彎著腰。我們把父親的書和許多東西都堆在裡面，只留日常必需用品在房間裡，騰出地方住人。

搬東西的時候何瑞田讓母親把爐子搬走，她說孟老師占了爐臺，她和我們換房子，我們的爐臺得歸她用。那個爐臺以前是燒大灶，後來改燒煤餅，母親清了一個瓦匠把灶膛改成一個放煤餅爐的方洞，前面有個出口，正對爐子出煤灰的出口。母親愛乾淨，自己買了瓷磚，把爐臺全鋪上白瓷磚。我們搬家前很長一段時間是和孟老師共用一個爐子，她也很喜歡那個爐臺，每次封完火都把爐臺擦得乾乾淨淨。可是那個爐臺只能用沒有腳的煤餅爐，當時已很少有那種爐子賣了。我們搬到燕東園需要有腳的煤餅爐，孟老師原來的爐子是有腳的，所以兩家就換了爐子。母親對何瑞田說那個爐臺本來就是沙家用的，煤餅爐也是他們的，我們的爐子早搬走了。何瑞田還跟母親吵，說她應該繼承我們用的東西，要母親去和沙老師講，把爐子搬出來，爐臺給她用。我問她：「你那個爐子有腳，比沒腳的爐子高一塊。放在爐臺裡，出灰口在爐臺裡面，你怎麼燒火？」她愣住了，沒再說話。因為她用了「繼承」這個詞，母親還對我說：「這個人是怎麼回事，她不是我的子孫，怎麼能繼承我的東西？搶了房子還要搶爐子，就是等我死了也輪不到她繼承。」後來遇到孟老師時，她說爐臺還是她用，這種爐子買不到了，何瑞田沒法用那個爐臺。

燕東園的房子住五家，除我們外還有歷史系的梁志明老師、生物系的楊安峰老師、劉景榮老師和校醫院的清潔工楊大爺。五家人有兩個廚房，我們和劉家共用一個小廚房，樓上也只有我們兩家，其他人家都住在一樓。小廚房很窄，母親覺得我們的爐子放在走道的地方會影響劉家走路。水池邊有一些木箱，我們不知道是誰的，有一天母親說如果能把木箱搬開，我們把爐子放到水池邊就好一些。劉景榮的夫人邵作華也在廚房，突然大吵大罵，說母親動了翦伯贊的東西，反動權威的老婆想翻天。母親說我們沒動任何東西，她又說母親偷了翦伯贊的東西。問她偷了什麼，她又說不出來。最後是梁志明老師寫了幾個封條，說翦伯贊的東西歷史系有清單，他會讓系裡來人察看，邵作華才算沒再吵下去。其實母親是因為劉家有小孩，怕爐子上的東西燙了小孩，才想把爐子挪開。這麼一鬧，直到劉家搬走我們也沒提搬爐子的事，燙不燙也只好隨他去了。

父親在「黑幫大院」裡受過什麼苦我們一點也不知道，他怕母親著急全瞞著我們，回來只撿不相干的說。他在那兒又結識了不少新朋友，他以前和學校的領導，尤其是校黨委的負責人只是點頭之交，從無來往。但是在「大院」裡他們同吃同住，一起勞動，還得一起交代自己的思想和歷史，使他們真正互相瞭解，思想見面了。可笑的是「文革」前提倡了多年的領導幹部和知識分子交朋友，直到在這「大院」裡才算真正落實，這恐怕是提倡者始料未及的。幾年後，我和父親在路上遇見前北大副校長史夢蘭[5]。隔著很遠兩人就高聲招呼「老邵！」「老史！」然後互相拍著肩握手，十分親熱。又一起去吃飯，邊吃邊聊「咱們大院」

[5] 史夢蘭（一九一一—一九九八），原北大黨委副書記，文革中被批鬥。

和各人所知的「院友」的情況，分手時相約以後見面再聊。經過那一段同甘苦共患難的生活，父親對老幹部有一些新認識，說他們當中有些人很不錯，可惜以前不熟，大有相知恨晚的意思。

在「大院」裡他們得自己洗衣服，父親回來說要洗衣粉。母親趕緊拿了洗衣盆，肥皂粉和搓板給他，他信心十足地拿著走了。下一個星期父親回來了，穿著一件皺巴巴，灰色橫條的襯衫，就像狸花貓的皮。他很得意地告訴母親他會洗衣服了，那件襯衫就是他自己洗的。我們細一看，那橫條都是乾了的肥皂沫。父親不會洗衣服，他只知道用肥皂粉兌水洗衣服，洗完了不知道用清水涮。把衣服從肥皂水裡拎出來擰乾就晾上了，等衣服晾乾了以後肥皂沫就成了那灰色的橫條。母親趕緊打水給他擦身，又拿出乾淨衣裳給他換上。母親是把父親照顧得太好了，所以父親什麼家務也不會做。

「文革」中家屬也天天開會學習，批判。母親很緊張，她從沒開過這樣的會，不知道怎麼發言。每次發言都先寫提綱，父親在家就先讓父親看，父親不在家就要我看。普及樣板戲時人人都得唱，家屬開會要一個人一個人地唱。一共四句，母親練了又練，開會前一天說唱給我們聽看行不行。她唱，我和父親聽。唱完後父親問：「你什麼時候學會廣東話了？我怎麼不知道？」母親的確唱得像廣東話，可是她平時是聽都聽不懂廣東話的，不知怎麼一緊張竟唱出一口廣東話來。因為父親的罪名是「吳晗密友」，家屬開會就要母親揭發吳晗。母親哪知道吳伯伯幹了什麼事，就細細地說當年吳伯母生病，吳伯伯怎樣照顧她，每天把她抱出來曬太陽。她說完了，有個家屬說：「那吳晗這人還挺好的。」開會回來，母親跟我講，我說：「你可不能再說這些了，回頭人家說你給吳晗評功擺好。你以後就說看過他寫的《海瑞罷官》，一點兒也不好，不像京劇就行了。」母親在政治上是十分天真的，她聽說康生拿了向伯伯的書就說康生「該算點兒錢給向太太」。以她的看法是拿了別人的東西就該給錢，不能白拿，她從沒想過康生是什麼人。張秀全要三家換房子，母親立刻說我們跟你換，不用讓翦家搬家。她沒想到除了要占我們的房子外，他們還要借此整翦伯伯，問題不那麼簡單。文革中動不動就有長篇大論的首長講話，不管江青、陳伯達、康生跑到北大來胡說八道什麼，都要連夜抄成大字報貼出去。歷史系的老教授都做了抄書匠，全體抄首長講話。當然，歷史系的老教授們的字都寫得很好，我記得除了父親，還有鄧廣銘、周一良[6]、商鴻逵[7]、楊人楩等伯伯。有一次家屬也得去看大字報，母親也去了，看了歷史系牆外的大字報。回來對父親說：「周（一良）先生寫得字比你寫得好。」父親哭笑不得，他對母親的「政治水準」是太瞭解了。她把大字報當書法展覽看了，只看見誰的「大字」寫得好，那「報」的內容全沒看明白。她是被父親保護得太好了，一九五四年後她只在父親主持的編輯室工作過，開會發

6 周一良（一九一三—二〇〇一），歷史學家、教育家，曾任北大歷史系教授。

7 商鴻逵（一九〇七—一九八三年），研究明清賦役制度史、清代學術史、清史，曾任北大歷史系教授。

言都是父親教好了的。編輯室結束後父親就沒讓她再出去工作，知道她膽小緊張，又怕她說錯話挨批評。「文化革命」父親沒法保護她了，母親每次開會發言都是好為難。

一九六八年十一月，人大附中負責分配的王明宏老師叫我去談話。他說我們家的一個街坊，是科學院的，來學校反映。說我和父親劃不清界限，每次父親回來我都和母親給他預備營養品。母親和父親說話，我在門口把風，不知有什麼陰謀（其實是父親在屋裡洗澡，我一個女孩子不便在屋裡）。要學校給我施加壓力，送我去農村插隊。我們的街坊中只有邵作華一個人是在科學院動物所工作的，可是動物所軍管後，她又對街道說她在部隊工作，還說出來一個部隊番號來。我也鬧不清是不是她了。我跟老師說我要和父母商量去哪兒插隊，老師讓我儘快給他回答。

家裡外事，大事，母親一向不做主，我到系裡去找父親，我跟歷史系監改組的紅衛兵說我要跟父親商量到哪兒去插隊。他說經審查，父親沒有問題，解放了，當天可以回家，讓我把行李搬回去。他們把父親叫來，通知他可以回家了，我跟著父親到他們宿舍去搬行李。那時關起來的人太多，「黑幫大院」關不下，所以系一級的人物就都關在各系。歷史系一樓最大的房間裡關滿了「反動權威」，「走資派」，各種「牛鬼蛇神」，擺滿了雙層床。房間當中三個雙層床並在一起，我很好奇，睡在當中上層的人是怎麼上下床的？看見父親捆行李，大家都有些驚慌，不知是福還是禍，又不敢問，因為不許他們私下交談。商鴻逵伯伯在我們面前來回走了幾趟，一直用詢問的眼光看著我。我知道他是關心，不知道紅衛兵要把父親怎麼樣。我只好對他稍微笑一下，表示不是壞事，可是我不能跟他說話。父親讓我帶行李騎車先走，去告訴母親，他隨後自己走回家。

母親正在廚房做飯，見我把行李搬回來嚇了一跳，不知父親出了什麼事。我趕緊說：「爸爸沒問題，解放了，搬回家住。我騎車帶行李先回來，他在後頭，馬上就回來。」母親松了一口氣，說：「那我趕緊多做點兒飯吧，這些不夠吃。」忙去舀米。

父親回來後我們睡覺成問題，房間太小，只夠並排打兩張折疊床。三個人橫著睡。我和母親將將夠長，父親睡就短了一塊。只好讓他睡在最外頭，睡覺時在床邊放一個椅子，枕頭放在椅子上，算是加出來一段。每天父親都要到系裡去和「革命教職員」一起學習，他是歷史系第一個被放出來的，後來又陸陸續續有其他的伯伯和姑姑們被放出來。楊人楩伯伯就住我們隔壁，有一陣下班後，父親常和他一起回來。父親病了我就騎車帶他去校醫院看病，當時沒有計程車，連三輪車都找不到。有一次母親在家屬學習時說我騎車帶父親去看病，趙以炳夫人[8]驚訝地說：「啊呀，我怎麼沒想到？明申也可以帶她爸爸去看病呀。」後來燕東園裡我知道的，至少有四個「反動權威」是女兒騎車帶去看病的。

[8] 趙以炳（一九〇九—一九八七），生理學家，教育家，北京大學生物系教授。

父親說去山西插隊，離家近一些，如果有什麼事，當天可以趕回來。他說將來如果他退休了，可以在山西農村蓋兩間房，和母親一起去跟我生活。說像陶淵明一樣，采菊東籬下，悠然見南山。一九六八年十二月我到山西省汾陽縣插隊，到了才知道，南山是沒有的，只能悠然見呂梁山。我在山西四年，因為父母一向對我要求比較嚴，所以農村生活我還是很快就適應了。平常和隊裡的婦女一起勞動，她們幹什麼我幹什麼，跟妞子們、嫂子們都成了好朋友。我當過生產隊婦女隊長，生產隊會計，到縣裡開過三幹會，各種各樣的事情都經歷了一下。那四年就是我的大學，真正懂得了什麼是中國。中國不就是北京，不就是城裡，中國最大的部分是農村，是農民。父親也認為這是很寶貴的經驗，對我以後的工作，生活都有好處。

我走後母親就更困難了，父親病了，只有母親帶他去看病。母親不會騎車帶人，是用自行車推他去校醫院。有一次在化學樓前上坡時差點兒翻車，幸虧一位俄語系的老師正好路過，扶住車，父親才沒摔下來，那位老師又幫母親把父親送到校醫院。母親一直後悔，忘了問他姓名，好幾次提起，說應該謝謝人家。買藥也是大問題，在海淀配不齊中藥，我在家時就是我起大早騎車去同仁堂買。母親可騎不了那麼遠，公共汽車又擠，她上不去。所以看了中醫也沒用，買不到藥。母親還學會理髮、打針，有時還給父親按摩、拔火罐。父親有點兒夜盲，冬天下午從系裡回來天已黑了。有一次因看不清路拐錯了彎，走到別人院子裡轉不出來。後來是一位過路人發現，把他帶出來送回家。從此一到父親該回家的時候，母親就穿上大衣「出去走走」。每次都「正好遇到父親」，然後就把他領回來。

冬天房頂上的大洞透風，母親用牛皮紙糊了好幾層。我去房產科說過，要求他們來把洞封住。父親回來後也和他們說過，麻雀都能從洞裡飛到房間裡來，再不修整個頂棚要塌下來。系裡答應把我們家和劉家中間的一間帶陽臺的房間給我們，但劉景榮拿著鑰匙遲遲不交出來。有一天吃飯時天花板終於掉下來了，砸在父親頭上。父親去敲劉家的門，叫他們來看，他們只好把鑰匙給了父親。這樣我們可以把一些東西拿出來用，父親的書也可以拿出來一部分，他可以看看書了。他的書都堆在儲藏室裡，每次拿書都是我跟他從廚房的後樓梯上去，搬張椅子讓他坐在儲藏室門口，我到儲藏室裡給他找書。儲藏室房頂太低，只能彎著腰找。找完後先把父親攙下樓，再去搬書。那時他已病得很重，樓梯太陡，我不敢讓他自己上下。我不在家時，只好母親來做這些事。我不記得是一九六九年還是一九七〇年，工程科來修房，把整個房頂都換了，天花板也重做了。

我祖母年紀大了，身體一天不如一天，父親被放回家之前一直沒有機會去看她。父親回家後，有一天二叔打電話到燕東園傳達室，說祖母病重。當時父親也病得不輕，車又擠，母親很難上去，我陪著父親進城看祖母。到二叔家門口，父親已喘成一團，他先噴了一些止喘的噴霧藥，才進二叔家。祖母是尿毒癥，很痛苦，說話聲很小。父親站在祖母床前，彎著腰和她說話。從二叔家出來，父親又大喘，一路上走幾步就得停一停。我攙著父親站在路邊一邊等車，一邊給他捶背，回到家他的衣服都汗透了。幾趟車我們都擠不上去，總算有一趟車好一些，我把父親推上臺階。哪知他的眼鏡在前面人的背上蹭了一下，那用了四十多年的法國鏡框一下就散了，鏡片掉下來。父親急忙跳下臺階，一手扶著另一個鏡片，一邊叫「眼鏡，眼鏡，我的眼鏡壞了。」我幫他找到掉下來的那一片鏡片，他說：「你媽媽明天可以拿去換一個鏡框。」母親看見那半個眼鏡和一片鏡片說：「這種老式眼鏡大概是徐志摩那個時代的，現在哪兒還有這種鏡框。早叫你去另配一副，你就不去，要是新鏡框就不會這麼不結實了。明天跟我一起去配眼鏡。」結果第二天和父親一起去海淀驗光配眼鏡，因為父親已增加了老花，所以新配的和那副法國眼鏡的度數完全不同。

過了不久祖母就去世了，父母趕進城去。臨走父親給我一封信，說：「到系裡找軍代表老高，把信交給他。不見到老高不要把信拿出來，不要給別人看。如果老高不在，你就在那兒等他回來，辦完事立刻到二叔家來找我們。」信上說祖母去世，申請從他被扣的工資裡取三百塊錢做喪葬費。母親說：「三百太多不太多？他們怎麼會給？」父親說：「這是我的工資，老高會給的。」

我到系裡，還好老高剛要出去，被我攔住了。我把信給他，他看後立刻批了同意，還說再有問題可以來找他，讓我找會計拿錢。我把信交給會計李乃媛，她叫起來：「什麼？

這麼多？」我就看著她一聲也不吭，她罵罵咧咧，可又不敢不給，因為老高批了同意。她數了三百塊錢朝我摔過來，我拿起錢數了一下是三百，回頭就走，剩下她一個人在後邊跳腳罵街。

我到二叔家時在北京的叔叔姑姑們都到齊了。我把錢交給父親，他立刻把錢給了二叔說：「媽媽生病都是二弟照顧，看病吃藥用了不少錢。這三百塊錢除了待會兒的火葬費之外，剩下的都給二弟，算我們大家給媽媽的醫藥費。」叔叔姑姑們都表示同意。祖母去世，大家只有悲哀，沒有任何爭紛。幾年後，二叔把祖母的骨灰送回福建，安葬在祖墳裡。他可能覺得父親給了三百塊錢，他還是要把這錢用在祖母的後事上，不肯自己留下用。他們兄弟都是一個脾氣，不但不肯占公家便宜，連自家兄弟的便宜也不肯占。

清理階級隊伍時，有一次在開大會的會場上突然點了東語系日語專業陳信德教授[9]的名，說他是特務，立刻就把他抓走了。他是我小舅的老師，父母都認識他，不相信他是特務。可是眼看越來越多的熟人被扣上莫名其妙的罪名，母親不禁緊張起來，她問父親：「如果他們突然把你也抓走了，那怎麼辦？」父親說不會的，就是抓起來也會把他放回來，因為他什麼壞事也沒做過。後來他對我們說，萬一他出了事，要母親和我相信群眾相信黨，事情

9 陳信德（日文名：潁川信德，一九〇五—一九七〇），一九五〇年起任教於北京大學日語教研室，文革期間被捕入獄，後死於獄中。

總會弄明白的。我覺得他雖然沒來得及親眼看到，但是他早已預感到被「文化革命」顛倒了的黑白會再顛倒回來的。他的身體是虛弱的，但信念是堅強的，對未來一直抱著希望。

在那段時候他也被逼供信過，紅衛兵逼他承認是特務，不承認就沒完沒了的審訊。父親想與其跟他們耗下去，不如就編個故事吧。他編了一個他是德國特務的故事講給「小將們」聽，他說一九三五年他在法國留學時曾去德國查找資料，在那兒由一個西德情報局的頭子介紹參加了西德情報局。「小將們」真相信了，就在他們興高采烈預備向上報「中央文革」挖出一個大特務時，父親去翻供。他說東西德是一九四五年第二次世界大戰後才分開的，一九三五年還沒有西德呢，哪來的西德情報局？那西德情報局頭子是確有其人，不過一九三五年他大概才上小學，怎麼能介紹父親參加情報局？任何人都可以看出，誰要是相信那個故事，那他就是愚蠢到極點了。「小將們」大怒，拍桌子罵：「你耍我們，你欺負我們年輕，無知。」父親說：「你們逼供，你們不逼我，我為什麼編這些給你們聽？是你們找我，不是我找你們，我沒想給你們講這些，這是被你們逼的。」以後再沒人來逼父親交代了，逼他，他就編個故事，你信還是不信？不信，他再給你編一個更好聽的。信，過幾天他拿出證據證明這都是可笑的謊言，誰信誰是大傻瓜。「小將們」應該慶幸他們還沒來得及上報「中央文革」，不然鬧出一個國際笑話來，他們怎樣收場？事後父親感慨，北大歷史系的學生怎麼那麼沒有歷史常識，會相信他在一九三五年就參加了一九四五年以後才有的西德情報組織？其實當年的大中學生是很好騙的，要不怎麼全國的紅衛兵都上了以毛主席為首的中央文革的當呢。聽說鄧廣銘伯伯也編過謊話應付紅衛兵，當時那些無知的「小將們」真是逼得大師們胡說八道。但自以為是的「小將們」居然深信不疑，不知道他們怎麼這麼好糊弄。

不過法律系的趙理海伯伯[10]就不那麼幸運了，他也被逼得承認自己是國民黨特務，可是法律系的學生逼著他把謊話改了又改，最後編得天衣無縫，說是單線聯繫，連查都無法查，沒人能證明他不是特務。法律系報上去挖出一個大特務，據說一直報導中央文革。法律系紅衛兵立大功，趙伯伯因交代得好獲得從寬處理的典型。只有趙伯母三天兩頭到我家來，對著母親哭。說冤枉啊，他從沒當過特務，都是逼出來的謊話。母親再三安慰，說誰也不會相信趙伯伯那樣老實的人能當特務，認識他的人都明白是怎麼回事。可是趙伯母還是哭，緊張得不得了，母親真怕她會被逼出神經病來。

一九六九年一大批教員被派到江西鯉魚洲辦幹校，樓下楊安峰老師一家全走了，劉景榮老師一家搬到樓下住。他們當初不交出鑰匙也不是完全沒有道理，因為他們有一個窗戶通陽臺。如果我們家有人在陽臺上，他們在家說什麼我們全聽得見。兩年後北大師生從鯉魚洲回來之前，邵作華在科學院分了房子，他們搬走了，楊安峰老師一家搬回來住。同時人民大學

10 趙理海（一九一六—二〇〇〇），法學家。曾任武漢大學、中央大學、南京大學、北京大學法律系教授。

的一批教師合併到北大，王汝豐老師和湯世英老師搬到我們這個樓裡住。王老師是昆明人，父母都去過西南聯大，提起昆明覺得非常親切。

因為一大批教員都去了江西，父親和楊人楩伯伯都有病，算半休，上午到周一良伯伯家學習，下午周伯伯去系裡彙報，父親和楊伯伯在家休息。那時楊伯母去了鯉魚洲，只剩楊伯伯一個人在家。每天下午楊伯伯就到我們家來，和父親天南海北地聊天。楊伯伯無拘無束，大聲講他年輕時候的經歷，講歐洲，非洲。父親微笑著坐在一旁聽，偶爾插一兩句話。兩人各拿一個以腎上腺素為主要成分的噴霧劑，喘了就噴一下。我現在一合上眼就好像還看見兩個老人一個因病戒了煙，一個因病不再提酒，坐在陽臺上，享受在那個時代稀有的自由寧靜的夕陽。

父親極不願為私事向領導提要求，除了要求從他自己的工資裡提出三百塊錢給祖母辦後事外，他還提過一次要求，就是調我回北京。那時他已病得很重了，母親一人忙裡忙外照顧他，身體也頂不住。母親告訴我她病過一場，發高燒，父親急得不得了。他去找同住的湯老師的夫人來看，雖然她是外科醫生，還是給開了藥。父親要去外面買飯給母親吃，可是附近沒有飯館，要到科學院福利樓去，母親怕太遠父親會累得犯病。結果是母親自己爬起來煮了一鍋粥，兩個人吃粥當飯直到母親能做飯。母親說要是她真有一天起不來了，父親怎麼辦？父親自己到系裡提出要求，因為父母年老有病身邊無子女，要求調我回來。手續辦了近一年，我到山西跑了兩趟，北京的安置辦公室不知去了幾次，才算於一九七二年冬天辦回來。

七〇年代初，父親第二次去標點《元史》。但他已不能到中華書局去了，而是去了小湯山療養院。燕東園外有一個北大製藥廠，每晚排放有害氣體，屆時至少有四位老教授犯喘病，楊人楩、趙義炳、鄧衍林伯伯[11]和父親都深受其害，這四人都因「文化革命」迫害去世。父親晚上犯病經常要吸氧，母親常常要去校醫院給他灌氧氣袋。

有一天父親在院子裡遇見當時掌權的八三四一政委王連龍，當面向他提出要求搬家，哪怕房子小一點也行，他不置一詞。

父親住在小湯山療養院，母親每週要去看他兩次。一早到藍旗營上車，到清河換一次車，到沙河再換一次車。路上要走兩、三個小時，拎著父親的換洗衣服，中藥，還有父親要的書。回來時又要坐兩三個小時的車，帶著換下來的衣服和要還的書。那時母親已過了六十歲了。我回來後買藥，借還書都不用母親去辦了，去看父親時拎東西也有我，可是操心的還是母親。我到現在有時還會夢見去看父親，拎著大包小包在路上等車。

父親每週都開出書單讓我去圖書館借書，同時把他用完的書還了。醫生幾次跟母親說要母親勸父親不要太累，他們說父親每天早上五點就起來工作，上午治療後，也不好好休

11 鄧衍林（一九〇八—一九八〇），曾任聯合國秘書處出版司專員，歷任北京大學副教授、中國第一中心圖書館委員會委員、中國圖書館聯合目錄編輯組組長。

息，下午和晚上還要工作。母親去跟父親講，要他減少工作量，不能一天三段的趕。父親總是答應得很好，又說他身體還好，白天可以休息，他天天睡午覺。可是我們一走他就照舊幹他的，全不顧醫生的勸告。下次去，醫生說他沒改，母親跟父親吵，說他是陽奉陰違，可是母親不能天天去看著他。後來總算弄清了，父親早晚工作是因為白天比較吵，早晚清淨。他每天中午必須睡一覺，所以早晚有精力工作。可是這對他的治療很不好，中藥西藥都不起作用。有一次我和母親去看他，因為他的喘老不好，醫生給他換藥了，讓他停了中藥改吃激素。我們當時不懂什麼是激素，見他喘得好一些，以為激素是好藥，不知道是他病得更厲害其他藥都治不住了，更不知道激素的副作用。

一九七三年父親出院，三月底四月初他要到中華去住。那時中華書局在王府井附近，正處鬧市，空氣不好，但比藥廠的汙染可能好一些。我和母親都不願意他去，因為他不會照顧自己。他對很多東西過敏，平時母親煮飯都是避開他不能吃的東西。他進城後在外邊吃，不知道會吃到什麼。多年來都是母親照顧他，天冷天熱增減衣服都是母親給他預備好的。我們勸他留在家裡，但是他非常固執，說《元史》標點已近結束，有些問題要統一，大家一起工作好商量。去中華以前，他還讓我把他以前寫的有關中國資本主義發展的文章收集起來，等他標點完《元史》回來，他要整理舊作，再寫十來篇論文，出一個文集。我不知道他是不是已感覺到自己時日不多了，在那個時候出他的文集是不可能的。可是他趕著標點《元史》，又想趕著寫出一本文集來，好像是在搶時間。他不一定是要當時就出版這本文集，可能是想寫出來，以後有機會再出版，他要把他一生的研究成果留給後人。

他去中華大約一個星期，我進城去看他，他的身體情況還不如在家裡。我看他面目浮腫，不停地喘，就要他跟我回家。我以為是母親不在身邊，沒人照顧他。他說他看了醫生（我不知他是什麼時候去過醫院），醫生說吃激素不好，把藥給他停了。他不肯回家，說很快就可以標點完了，一定要等工作結束才回去。我沒辦法強迫他，就打算和母親商量怎麼把他勸回來。我和母親對激素都不瞭解，不知道這種藥得一點一點減量，不可以一下就停藥。母親知道父親脾氣犟，工作的事又從不許母親過問，想和我兩個人一起去把他「弄」回來。那時我在北大附中代課，只有週末可以進城。可是將近一週後，我們還沒來得及進城，和他一起在中華工作的同事突然來了，說父親發病了，送協和醫院看急診。可是因為協和不是父親的合同醫院，不能住院，所以他們把他送到北大校醫院了。

我和母親趕到校醫院，父親還安慰我們，說沒關係。校醫院搞運動，老醫生挨批，年輕醫生造反，成天運動，沒人看病。醫護人員不夠，允許母親去陪住照顧父親，但吃飯得自理，母親一天在醫院和家之間跑六趟。醫院的醫護品質也極差，母親為了要個氧氣袋跑好幾個辦公室也找不到，父親發病要打針，往往既找不到醫生，也找不到護士。父親日夜不停地喘，不能躺下，近一週不能睡覺，疲憊不堪。沒有特效藥，沒有氧氣，咳嗽時靠母親捶背，喘得厲害時靠母親擦汗，喂水。四月二十六日中午，我從北大附中下班，到醫院看父親。他還是喘，午飯後說困極了，就趴在桌上睡了。母親說父親幾天幾夜沒睡，總算能睡一下了，不要吵他，讓他睡吧。又說天暖了，父親需要一床薄被，我們回家去趕做一床。路上遇見許師謙叔叔[12]，他說要去看父親。我們告訴他病房號，他說他不會吵醒父親，就匆匆往校醫院趕去了。

我們到家，薄被還沒做好，醫院就通知我們：父親病危，要轉北醫三院。後來許叔叔告訴我們，他到校醫院時父親並未睡著，正在發病需要醫生。他替父親去找，可是醫生護士都去吃午飯，好不容易找來，已耽誤了很久。父親昏迷了，醫生又去找氧氣，救不醒只好轉院。

在北醫三院父親始終不醒，輸氧、輸液都無濟於事。後來醫生提出要用一種藥，但須十三級以上幹部才給。父親是教員級，還得合成幹部級，然後又要系裡開證明。醫生急了，讓先拿藥後補手續。護士跑著趕去拿了一粒藥來，讓母親放在父親的舌頭底下。但父親早已失去知覺，藥入口中，誰也不知是否在舌頭底下。

晚上十一點鐘左右，王連龍忽然來了。當然我和母親都認得出他，可是是陪他來的人

12 許師謙，就讀西南聯大時成為共產黨地下黨員，一九五七年至北大歷史系任黨總支書記、副系主任。

還是煞有介事地向我們介紹：「這是八三四一部隊的王副政委，來看你們的。」母親和我早已心亂如麻，不知如何對應，更不明白他為什麼要來看我們，他會治病嗎？王副政委對醫生說：「一定要盡力搶救，我們需要他。」我好像在什麼電影裡見過這樣的場面，重要領導這樣說一句，病人就被治好了。可是現實生活中，不知是不是王副政委的官還不夠大，反正他這句話一點作用都不起。如果他說該用什麼藥就立刻用，不必考慮級別，也許還管用點兒。要是父親當面向他要求換房時他就給換了，那根本就不會發生這樣的事。要是製藥廠不排毒氣，燕東園四位老教授都不會在那個時候去世。可是他學著電影裡的重要領導來這麼一句不管用的套話，結果是一點兒用也沒有。從父親轉入三院，醫生，護士一直在盡心盡力地搶救，可是太晚了。父親只是在二十七日上午有過短短的一次清醒，母親問他有什麼話要說，他說：「想不起來了。」以後再度昏迷沒再醒過。那天上午給父親看病的是一位中年大夫，文質彬彬，但處理問題很果斷，動作非常俐落。整個上午父親幾乎一直要停止呼吸，醫生不停地做人工呼吸，同時指揮護士輸氧、輸液、量血壓、測脈搏，汗珠順著他的臉往下滴。又請來幾位醫生會診，有位醫生提出去空軍醫院借氧氣面罩，可是又是級別問題，要開證明，還要上級批准，再到某處蓋個章等等。大家算算辦好這麼複雜的手續恐怕得一兩天，最後決定給父親動手術，直接往氣管裡輸氧。手術是做了，但仍沒起作用，中午父親的心臟停止跳動。一直到現在我都十分感謝那位搶救父親的醫生，雖然他沒能挽回父親的生命，但他盡心盡力了。在那種條件下，他已做到了最好。

回到家時，我們首先看到的是那床還沒來得及做好的薄棉被。緊跟著大姑就從城裡趕來了，她一面安慰母親，一面動手收拾屋子。我覺得腦子裡都空了，不知幹什麼好。母親一直木木地坐著，要哭又哭不出來。我去幫大姑收拾，也不知從哪兒下手，大姑叫我做什麼，我就做什麼。才收拾好，就有父親的朋友來弔唁。父親的學生們怕母親和我過於悲傷，決定讓陳慶華叔叔去給父親的遺體換衣裳。吳宗國老師[13]陪我到海淀給父親買了新的帽子和鞋，母親找出父親出門穿的衣裳，交給陳叔叔。我們再看見父親時是四月二十九號在八寶山革命公墓禮堂，在北京的親戚都來了。二叔神情恍惚，看見母親他立刻站起來叫了一聲：「大嫂。」母親忍住悲傷安慰他，又囑咐三叔和大姑注意他，怕他發病。父親的學生們能來的也都來了，還有一些還在受審查或在勞動，雖然跟我們很熟悉，但沒有看見他們。我當時迷迷糊糊，知道追悼會開得很大，好像是黃辛白[14]講了話，然後不停地有好些不認識的人來和我們握手。聽說北大有幾輛校車送工農兵學員來參加追悼會，可是我知道，父親不認識他們，他們也不認識我父親。為什麼讓他們來呢，父親喜歡的學生們為什麼不能都來呢？

父親的骨灰是放在八寶山革命公墓骨灰堂，數月後，楊人楩伯伯也去了那裡。以後每年

13 吳宗國（一九三四—），北京大學歷史學系退休教授。
14 黃辛白（一九二一—二〇〇八），曾任中華人民共和國教育部副部長。

清明，母親都和楊伯母一起到那兒去看他們。

我有一次從美國回來探親前做過一個夢，夢見父親好久沒有音訊，忽然有人告訴我他在西山腳下的一個村子裡，讓我去。我去了，看見他，要他回家。他說燕東園空氣不好，他在西山腳下已經不喘了，要母親去他那兒。我看他睡在一個土炕上，就趕著給他編了一床席子。回北京探親時忽然想起這個夢，告訴母親。她沉思了一會兒說：「你爸爸要你給他在西山腳下弄一席之地，還要我去呀。」我說：「媽，你怎麼這麼想，那就是一個夢啊。」母親不語，我知道與其說她是信了那個夢，不如說那是她的想法或願望。數年後母親去世了，我趕回來料理後事。看到張寄謙姑姑[15]，把我的夢和母親的說法告訴她。她說：「啊？邵師母那麼快就領悟到一席之地呀。」

十幾年後，母親去世，我把父親的骨灰從八寶山革命公墓取出，準備與母親合葬。我在北京西部找一塊墓地，找到福田公墓，就在西山腳下，周圍是農田，墓園中種滿桃樹，我想就是這兒了。可是一打聽，父母的全部遺產不夠在那兒買一席之地。父親留下一部書，是手抄本《李星使來去信》，父親生前非常珍惜。「文革」中，母親把它東藏西藏，總算沒被抄走。我想我只好賣書葬父母了。但聯繫書店，他們要求鑑定真偽。我把書帶到鄧廣銘伯伯

[15] 張寄謙（一九二五—二〇一二），北京大學歷史系退休教授，師從邵循正、雷海宗、吳晗等，專攻中國近代史。

家，鄧伯伯一看就說：「真品。這種書是無法偽造的。」我問價錢，鄧伯伯說：「無價。世上僅此一部。」後來書是捐給了北大圖書館善本書室，用北大回贈我的錢買下墓地把父母的骨灰合葬在福田公墓。確實有人對我說如果不把書捐給北大可以多賣些錢，但我覺得書在北大有更大的價值。賣給私人收藏家，也許我會多得些錢，但書只能起一個花瓶作用，沒幾個人能用。父親珍愛這部書是因為知道它的使用價值，我如果拿它賣錢實在對不起這書，也枉為邵循正的女兒了。

# 十一、邵氏兄弟

邵家兄弟的特點應該說是孝悌。父親兄弟手足情深，因為工作忙，同居一城卻一年難得見幾面，但相互關愛之情卻從未受到影響。文革中，父親每週頂多能回家兩小時，他不放心叔叔們，讓我常去看看。當時正是大串聯，公共汽車擠不上，我就騎自行車去。雖然六親同運，叔叔，姑姑們全受到衝擊，但只要能在他們的家裡看見他們，父親就會稍稍松一口氣。

父親是大哥，很受叔叔姑姑們的尊重。除了二叔[1]，我沒見過別的叔叔，姑姑和父親爭執過，二叔也就是因為抽煙和父親吵。父親從上大學時就開始寫文章掙稿費供兄妹四人用，工作後養一家人，給弟弟妹妹交學費。弟弟妹妹都畢業了，父親贍養祖父，二叔和三叔[2]贍養祖母，直到「文革」中父親被扣工資，只發他和母親及我的生活費，每人每月十二塊五毛

1 二叔邵循恪，字恭甫，福建福州人，法學家、政治學家。

2 三叔邵循怡（一九一四年十一月十三日—），曾任中國國際貿易促進委員會法律事務部副部長、中國國際經濟貿易仲裁委員會委員、資深仲裁員等，是國際仲裁、外貿法律專家。

錢。造反派說不給祖父生活費，父親讓我立刻進城找三叔（他自己當時屬於不許亂說亂動，不能自己進城）。三叔說：「讓你爸別著急，爺爺的生活費我給寄。」一直到父親去世都沒有發全薪，所以從一九六六年十月一直到祖父去世，三叔每月寄給祖父五十元生活費。多少年，我沒聽見三叔，三嬸抱怨過一句。

「文革」中三叔三嬸都受衝擊。三叔在幹校養豬，一次喂豬時頭撞倒豬欄上，一隻眼視網膜脫離。當時沒有給他好好治療，後來一隻眼失明。「文革」後，三叔憑一隻眼的視力，作為海洋仲裁委員會的資深仲裁員，解決了不少中外海事問題。他還幾次出國開會，講學。到八十多歲，遇到重大海事糾紛，他還出庭。三嬸韓志先是北京師範學院（首都師範大學的前身）英語專業的主任，曾主編《英語閱讀教程》，「文革」中受衝擊是必然的事。改革開放後，她到美國講學，很受好評。回國後一直從事教育事業，她身體瘦弱，她告訴過我：「要是有一天早上我醒過來渾身沒有一處疼的話，那我就高興極了。」可見她沒有一天是不疼的，可是她到退休後還沒停止工作，只要年輕人有問題去問她，她立刻精神抖擻地盡力指導。

我母親曾說過，三叔在公事上是六親不認的。我一直以為母親在這事上有點偏激，因為我看到的三叔永遠是和藹可親的，他不但奉養父母終身，還打算奉養寡嫂，怎麼會六親不認呢？直到有一次我去三叔家，一進門看見三嬸正客客氣氣地陪著一位客人說話。三叔卻背朝客人直挺挺地坐在書桌前，一動不動，如老僧入定。三嬸臉上本來略顯尷尬，看見我進來，如釋重負，說：「循怡，小瑜來啦。」

三叔立刻轉過臉來，笑容滿面問我母親身體好不好，我工作忙不忙。我很奇怪，三叔是怎麼啦？自家姪女來了又說又笑，倒把個客人晾起來不理。那客人大概看見有人來訪，坐不住了，起身告辭。三嬸忙拿起桌上的幾包東西，一邊往客人包裡塞，一邊說：「帶回去，帶回去。別跟我們客氣，不是外人。」又拿出兩張電影票送給他。我跟著三嬸送客出門，三叔卻端坐不動，連招呼都不打。

一回到屋裡三嬸就向我抱怨：「你看你三叔，就是這個倔脾氣。你不能幫忙就好好跟人解釋一下呀，連個好臉都不給人……」

三叔立刻打斷：「他自己應該知道這種事我是不能幫他做的，不符合政策的事託人情也不行。你就是沒有原則性……」

三嬸急了：「他是你們家的親戚，不是我娘家的……」

「我家的也不行。不該做的事，就是我父母親自來說也不行。」

我趕緊打岔：「他是什麼親戚，我怎麼不認識啊？」

三嬸解釋了半天，我才明白。是一位遠親家裡人的親戚，就是北京話叫「八竿子打不著」的那種親戚。不過我對三叔的六親不認也有了深刻體會，我知道三嬸是決不會收禮的，但不許她給人好臉，這實在是很難為她。當我看到訃告中對三叔的評價：「他獨立公正、忠於事實、忠於法律、勤勉敬業，以其深厚的法律功底和豐富的實務經驗、高超的仲裁和調解業務能力、忘我的工作精神，妥善地處理了眾多重大法律糾紛，受到了當事人的讚譽，獲得國際國內的一致好評。」第一條就是獨立公正，我明白了，三叔不但要求自己，而且要求三嬸的臉得是鐵打的，要鐵面無私。稍有私心、私欲、私情，辦案時就難免有所傾向，受情、欲牽連，就難做到獨立公正。多少有能力、有經驗、有貢獻的人不就是過不了這私情關，一念之差成了罪人嗎？我想邵家人都知道三叔的原則性，所以從沒聽說過哪位親戚走三叔的後門，只有這樣不瞭解他的遠親才會來碰這個釘子。

我出國後，每次回國探親，不是聽說這個人買房了，就是聽說那個人搬家了。只有三叔還是住在落實政策時分給他的那三居室裡，用著有些大概還是他結婚時的家具。可是三嬸總是把家裡收拾得一塵不染，整整齊齊。

我結婚的時候父親已去世數年了，婚禮是三叔請客，代父親嫁女兒。

父親從英國回來時帶了一些外匯，三叔剛從美國留學回來，也帶了一點兒外匯。四叔[3]大學畢業了，父親和三叔湊了點錢，買了張船票，送他去美國留學。母親很替四叔擔心，

---

3 四叔邵循愷，抗戰期間就讀西南聯大經濟系，抗戰勝利後到美國芝加哥大學念研究生，獲博士學位後回國在中山大學任教，五七年調到海南師專教書。

說：「你們也太膽大了，這點兒錢就敢把四弟一個人送到美國去留學。他在那兒舉目無親，萬一錢用完了回不來怎麼辦？」

父親說：「我和他談了，他書念得很好，到美國就能考上獎學金，怕什麼。」果然如父親所料，四叔到了美國就考上芝加哥大學全獎，一直念到一九五〇年代初期，拿了經濟學博士回來。回國後四叔到中山大學教書，五七年調到海南師專，「文革」中去世。

我二叔邵循恪從小和父親一起上學，清華畢業後他到美國芝加哥大學留學，得到國際法博士學位，回國後在武漢大學任教。抗戰初期他隨武漢大學南遷，途經蒙自，遇到一次大轟炸。他親眼看見同行人就在他身邊被炸死，景象極其淒慘，因此神經受了刺激，但仍能正常生活和教書。當他隨武大到昆明後，清華、北大、南開大學合辦西南聯大，二叔換了工作轉到西南聯大教書，又和父親在一起了。母親走後父親搬去和他同住，生活上可以互相照顧。我不知道他們倆誰照顧誰，我覺得二叔不犯病時生活能力比父親強一些。一九四四年，二叔因婚姻問題受了一次刺激，在重慶病倒，父親趕到重慶照顧他。父親在「文革」交代中寫道：「他（二叔）住院時常昏迷不省人事，我要在旁照顧他……住在醫院十幾天，才和他一起回昆明。」那一段時間二叔只認識父親一個人，其他人全都不認識。以後一直是父親照顧二叔，直到四五年父親去英國，二叔回北京，到清華教書。二叔病好後是可以工作的，他也教出不少有成就的學生。香港回歸時，起草香港法的兩位主筆就是他的高足。父親一輩子都記掛著二叔的病，我小時候二叔病了，父親帶我去看他。我在院子裡玩兒，父親和二叔在屋裡說話。等久了，我不耐煩了鬧，以後父親就不帶我去看二叔了。二叔是一個做事極其認真的人，任何人問他一個關於法律的問題，他都要把最精確的答案查出來。我記得父親和他談起過什麼事，他給了父親一個答案，又說他還不是十分清楚，要查了書才行。過了兩天，從城裡來，說查了書，是什麼，把那幾句書背給父親聽。「文革」中，父親想起一九四九年前二叔系裡的教師曾集體參加國民黨，把二叔的名字也寫上去了，他聽說後叫二叔立刻去退了。父親怕紅衛兵追究此事引起二叔犯病，很著急，讓我趕緊進城看二叔，勸他不要緊張。那時二叔已因病退休，街道上沒問過這些事。所以他反過來看父親，讓他放心。

父親去世後，我們怕二叔再受刺激，沒敢立即告訴他。後來三叔和大姑很緩和地對他講了，但追悼會上他還是有點兒神情異常。過了幾天他來看我們，要接母親和我搬到他那兒去住，說他退休金雖然不多，但我們搬去溫飽不成問題。母親告訴他北大已有安排，他才說暫時不搬也行，看看再說。可是回城裡時大概因為精神恍惚，坐錯了車，一直坐到清河去了。

父親去世後，每逢年節二叔、三叔都要來看母親，總要帶錢來，都是說：「給大嫂過節買點兒東西。」不過錢的數量可不止光買點兒東西過節的。五叔[4]是兄弟中工資最低的，每

4 五叔邵循　，燕京大學經濟系畢業，一直在北京市商業局工作。

年發煤火費時他一定來一趟，把他的煤火費全給母親，說：「天冷了，給大嫂買煤。」母親說：「我們住公寓，統一燒暖氣，不用買煤。」五叔還是放下錢就跑，追都追不上。以後別人家發煤火費了，母親就說：「你五叔這幾天要來給我發煤火費了。」她每年都收到一份國家幹部的煤火費。

六叔[5]每月發薪就送一份生活費給母親，母親說：「學校給我生活費，你不用給我了，我夠過。小瑜也能寄點兒來。」六叔說：「以前上學，學費都是大哥給的，現在我工資高了，大哥不在了，我該給大嫂。」我回國探親時母親跟我說，不收他們的錢他們心裡不好受，所以我就收了吧。一直到母親去世，六叔沒停止過對母親的贍養。現在六叔已八十多歲了，還是牽掛著我，關心著我的孩子。

大姑[6]比母親小兩歲，年紀相仿，有很多共同話題。她上學時成績很好，工作時也是業務骨幹。她在協和醫院病案室工作多年，有些老病案別人找不到，問她，一下就找出來，她退休前帶了好幾個學生。文革中，她和幾個同事緊要關頭挺身而出，維護了一百六十餘萬冊

5 六叔邵循恕，燕京大學畢業，一九四八年參加工作，參與國家科委情報所的組建並在情報所工作多年，文革後在中國科學院電腦網路資訊中心工作，後從此單位離休。

6 大姑邵幼章，燕京大學社會系畢業，曾在香山慈幼院工作，一九四九年前到北京協和醫院病案室工作到文革後退休。文革中和同事一起保護協和醫院的病案，使一百六十萬份病案可保存至今。

病案的安全。大姑也是個極獨立好強的人，她一個人把三個孩子養大，表哥表姐都是大學畢業。大表哥陳偲是清華汽車系畢業，分配到長春第一汽車製造廠。他回來探親時來看父親，我聽他說怎樣試製高原汽車馬達，到青藏高原去試車。改革開放後，他調到天津做研究工作。

大姑和母親的一個話題就是三姑，那是父親最小的妹妹。抗戰時她還在上高中，因為日本人滿街抓花姑娘，祖母匆匆把她嫁到天津去了。她年紀又小，舉目無親，婆婆是後婆婆，對她不好，後來丈夫又外邊有人逼她離婚。離婚後她在天津一家醫院裡學護士，四六年畢業後找不到工作，她的一個同學在臺灣找到工作，叫她也去。母親跟她說父親就要從英國回來了，讓她等一下，跟父親見一面再走。可是她怕去晚了工作沒有了，她說先工作兩年，等站住腳了再請假回來看祖母和父親。她去了，以後再沒回來。先還有信，後來不通郵了，信都沒有了。只知道她剛去臺灣時，是在馬偕醫院工作。母親和大姑一直惦記著她，不知她過得好不好，結婚了沒有。她叫邵同章，改革開放後，多少去臺灣的人都回來找父母兄弟，可是三姑卻沒有任何消息。

父親兄弟從沒有爭過財產，只有互相謙讓，互相幫助。我們這一輩無論哪個上大學，如果父母負擔較重的話，其他叔叔立刻就把學費承擔起來。對他們來說，子侄的教育就是天大的事。孝悌是邵家的傳統，父輩給我們做了榜樣，我們這一輩也要繼承。

# 十二、獨生女

我是獨生女，父母從我出生就認識到：我將來沒有兄弟姐妹扶持，註定要獨立，要自立，要靠自己。從小家裡條件比較好，很多人都以為我很嬌氣，什麼事都不會做，其實我父母對我的管教還是挺嚴的。我學說話的時候母親教我說歌謠，父親不會歌謠，他教我念唐詩。後來我外婆說我「抱在手上時，就會念床前明月光了。」那是父親教我說話的「教材」。

邵家是書香門第，尊崇儒家，只敬祖宗不言鬼神。我小時候是母親自己帶我，有一次母親有事進城，保姆帶我。那天午睡後沒事，保姆怕我鬧，給我講故事。我只有兩三歲，不記得她講什麼，大概是鬧鬼或狐狸精。因為從沒有人對我說過這些，我根本不懂什麼是鬼和狐狸精，愣愣地坐著，不明白她說什麼。父親在書房寫東西，出來倒茶，聽見她說什麼，立刻說：「你不要講這些，我們家裡不許講鬼神的事。」保姆就沒再講下去。不知母親回來後父親對她說了什麼，第二天母親多給那保姆半個月工資，讓她另找工作。這是非常嚴格的，任何有關鬼神的話，書或圖畫都是不許進我們家門的。

院系調整前，清華組織教職員及家屬去香山。在所有會自己走的孩子裡我是最小的，大孩子在前頭跑進碧雲寺大門，我在後頭拚命追。好不容易翻過那高高的門檻，一抬頭猛然看見哼哈二將，嚇得我「哇」的一聲大哭起來。父母趕緊跑過來哄我，父親抱著我說：「不怕。他們是泥做的，放在這裡嚇唬壞人的。你看這裡有房頂，不會淋到雨，泥一淋雨就塌了，所以不能放在外面。」又帶我去看那「哼」的腿，有一塊地方漆掉了，父親說：「你看，裡邊都是土，外邊塗了漆。」又給我講佛教的藝術，那可不是我這個三歲小孩能懂得的，我只記得一個詞「佛教藝術」。下午去臥佛寺，再看見哼哈二將我就不怕了，還告訴母親：「泥做的，放在這兒嚇唬壞人的，佛教藝術。」在臥佛像前，父親告訴我，這個人叫釋迦牟尼，是古時候尼泊爾附近一個小國的王子，他是個哲學家，創造了佛教。從小父親教導我把神都看成了人，他們也有生老病死，但他們的學說不死。

小時候母親餵我吃飯，我不好好吃，沒吃完就不肯吃了。父親就教我念「朱門酒肉臭，路有凍死骨」，不許浪費食物。母親說吃的東西都是人辛辛苦苦種出來，養出來的，吃不完就扔掉是暴殄天珍，要遭雷劈的。一直到上小學四年級，我都以為被雷打死的人是因為把好好的飯菜扔了，上了常識課才知道為什麼打雷。

小孩都愛吃糖，父親規定我每天只許吃一塊糖。他說糖吃多了牙會壞，還不好好吃飯。

每天除了三頓飯要好好吃之外，可以吃一次點心，只許吃一塊糖。上小學後我不那麼愛吃糖了，常常一個星期也想不起來要吃糖。可是母親一直記住這個規定，直到我都三十歲，有小孩了，有一天前後來了兩次客人。我陪著前面的客人吃了一塊糖，又陪著後面的客人吃了一塊糖。客人走後母親說：「你爸爸規定的，一天只許吃一塊糖。」

大約四歲的時候，母親給我買了字塊，一面是圖一面是字，教我識字。一盒字塊沒多少字，學完以後父親說最好有塊小黑板，教我識字還要讓我寫字。有一天晚上快十二點母親才從城裡回來，帶回來一塊小黑板。她說因為帶著這塊黑板擠不上公共汽車，等到末班車才上去的，以後父親用這塊黑板教我識字寫字。

那時我已上幼稚園了，同學家裡都沒有黑板，只有我有一塊，所以非常得意。母親怕粉筆灰蹭得到處都是，不用時，就用一塊舊床單把它罩起來。有一天父親說蒙古史的學生來上課要用我的小黑板，我當然是捨不得，可是父親要用不能不給，再三叮囑別弄壞了。下課後父親拿黑板來還我，對我說：「完璧歸趙。」還問我懂不懂什麼是完璧歸趙。我想小學的少先隊開會前隊長都要報告，報告完了就說：「報告完畢。」「完畢」就是一件事做完了的意思。「歸罩」嘛，那就是用那就床單把它罩起來。所以「完畢歸罩」就是父親用完了黑板，讓我把它罩上，這有什麼不懂的，就很肯定地回答：「懂！」父親略顯吃驚，問我：「真懂嗎？不要不懂裝懂。」我說：「真懂。」然後趕緊把黑板放好，用舊床單罩起來，表示我懂。父親還是不大相信地看看我就回他房裡去了。以後每次父親用完我的黑板，我就一邊說：「完畢歸罩，完畢歸罩。」一邊把黑板收好。父親很高興，他以為我真懂「完璧歸趙」了。幾年後父親教我讀《史記・廉頗藺相如傳》，我才知道原來是「完璧歸趙」，我前幾年都是亂罩的。

上小學前母親給我訂了《小朋友》，常常是母親摟著我，兩人合看一本書，她念，我看那些字。念幾遍後，她就讓我和她一起念，然後我念給她聽。上小學後改訂《兒童時代》，她做針線時我讀給她聽，不認識的字她告訴我。有時我念錯了，她就叫我停住，告訴我正確的讀音和意思。一直到我上中學她都常常讓我讀書或報給她聽，只是讀的東西愈來愈難，從《小朋友》到《唐詩三百首》、《古文觀止》。

向達伯伯訂了不少蘇聯畫報，我第一次去他家的時候父親和向伯伯坐在左邊談古論今，母親和向伯母坐在右邊說湘西土家族的風土人情，我坐在中間一邊看蘇聯畫報，一邊聽大人講話。一個耳朵聽法國，英國收藏的敦煌文書，另一個耳朵聽湘西的吊腳樓，土家族的服裝特點。我四、五歲時一直以為湘西在英國或法國，直到父親拿地圖來給我看，我才知道，原來它們離得那麼遠。不知道父親是怎麼發現我把這三個地方弄混了的，以後他說到新的地方就要拿地圖給我看。他教我認地圖，知道世界上主要國家在哪個洲。母親給我買了一盒中國地理拼圖，我從這個玩具學會了中國各省的名字和位置。

我八歲時有一天楊人楩伯伯來，他問我上幾年級。我說二年級。他對父親說：「不知道現在二年級學生識多少字？」父親也不知道，於是他們兩人就拿了當天的《人民日報》社論讓我讀。我是不懂社論的意思，但是字基本都認識，大概有兩個字不知道。楊伯伯說：「能念下社論來大概得識兩千字左右，那現在小學的水品也不錯了。」

楊伯伯走後父親就買了一部《三國演義》，每天教我一回。先帶我念一遍，不認識的字用注音字母注出來（當時還沒有中文拼音），我再自己讀一遍。然後他給我逐句講。講完後，我要把不認識的字自己寫會，把這一回讀熟。第二天我讀給他聽，再講給他聽，都講對了，他再教我新的一回。我最恨的就是「且聽下回分解」，每到關鍵時刻它就出現。父親教了我十幾回時我就忍不住自己往下看，看不懂，連蒙帶猜。父親知道我自己看了，就不教《三國演義》了，改教《古文觀止》。他太忙，沒時間，教了大約十來篇就給我一部《史記》叫我自己看，不懂的地方問他。上中學的時候我能自己看一些古文，但不太懂，父親又沒時間教。有一天在書店看見一套人民教育出版社出的《古代散文選》，就買回來，父親看了一下說「很好」。我後來沒事時就自己看，插隊時帶到農村去，倒是通讀了一遍。

我上小學時北京開始有電視了，親戚朋友中也有人家買了。父親說：「不買電視，會影響小孩念書。」我當然不敢說要，母親也從不提要買電視。一直到我結婚後，我先生是北工大電機系畢業，他買了零件，自己安裝了一台黑白九寸電視，我們才算有電視了。那電視壞了都沒法拿出去修，因為是自己安的。我先生在家它就好好的，只要他不在家它就「罷工」。

父親還有一個規定，就是小孩不許問大人的事。所有的叔叔、姑姑，不論他們是種田的農民還是做工的工人，或者是幹部、教授，都是我的叔叔、姑姑。他們的職務和工資跟我沒關係，不許問。我一直不知道我三叔是幹什麼的，只知道他是外貿部的幹部。直到他去世後我看到貿促會的訃告，才知道：

他先後就職於中國銀行總管理處研究室、政務院財政經濟委員會、外交部中國聯合國代表團、中國國際貿易促進委員會。他是貿促會法律事務的奠基人之一，他曾任貿促會法律部副部長，邵循怡先生是中國國際經濟貿易仲裁委員會資深仲裁員，辦理了許多重大疑難案件。

我到現在不知道我六叔的職務，只知道他是離休幹部，雖然我每次回國都去看他，可我不敢問他的職務。不過我也沒有必要問，我知道了又能怎樣呢？不管他做什麼工作，他都是我的六叔。

我插隊的時候有個同學的父親是公安局的局級幹部，隊裡知道後，就要她父親幫忙買拖拉機。公安局也不賣拖拉機，就算是局級幹部在北京城也弄不到拖拉機呀，這可真讓他們父女難為了好一陣。

他們也問過我：「你有個叔叔在外貿部工作的，是什幹部哩，夠不夠正科級哩？」我不知道，說就是一般幹部。如果我知道三叔的職務，而且據實相告，那可不知道他們會要三叔幫助買什麼了。又是外貿部的，那什外國都西買不到哩。所以不該小孩知道的事，最好就不要讓他們知道。既可避免助長孩子從小攀比、勢力眼、狂妄的惡習，還可以免除不少不必要的麻煩。

我小時候沒有零花錢，那時父親主持一個編輯室，編輯《中國近代史資料叢刊》。他需要一個英文打字員，就叫母親去打字，全家中午在北大員工食堂吃飯。一天他們開會下班晚了，我在員工食堂門口等他們。左等不來，右等不來，又餓又急哭起來了。我不記得是周良宵叔叔[1]還是田玨叔叔[2]來吃飯，看我站在食堂門口哭，就給了我一個包子。父母急急忙忙趕來，見我站在食堂門口吃包子，以為我撿了誰吃剩下的。我說是叔叔給我的，父親忙道

1 周良霄（一九三一—），中國社會科學院近代史研究所研究員。一九五六年畢業於北京大學歷史系，開設元史、蒙古史等課程。曾參與編寫《中國大百科全書・中國歷史卷》之《元史》、《遼宋夏金史，《中國歷史大辭典・遼夏金元史卷》等書。

2 田玨，北大歷史系畢業，後任職於北京市教育局，編寫中學歷史教材。

謝，還飯票。又對母親說以後要給我身上帶點兒錢，以防萬一。從此我每月有五毛錢零花錢了，可是我想買東西之前要先問母親，得她同意才許買，買回來要給她看了才許用。這大概就叫事前請示，事後彙報吧。另外，不許買零食。不過我一告訴母親我想買什麼，只要是可以買的，她就去給我買了，弄得我這五毛錢老花不出去。到五年級時我已攢了幾塊錢，老師說我們應該看點兒大部頭小說了，我把攢的錢都買了書。

父親主要教我讀書，對我功課查得很嚴，每週成績冊都是父親簽字。要求我要用功努力，但我遇到問題他會教我，不會無理的責罰。我小時候身體不好，有一段時期平均每月得請一週病假。文科還好可以自己趕上，數學卻得系統地學，每月缺一段就連不起來了。有時我問父親數學題，他給我講。上中學時學代數，他發現我的問題不是一道題不會做，而是缺了一段或幾段。他說：「我不是教數學的老師，沒有把握教你，我帶你去找一個數學專家看看你是什麼問題吧。」於是他帶我到科學院，去找他上大學時的數學老師——熊慶來爺爺[3]。熊爺爺問了我幾個問題就明白我是怎麼回事了，他給我講了一下，很快就解決了我的問題，以後我學代數覺得容易多了。可是我要是貪玩兒不努力，父親也是要打的。他是用教書先生的辦法，戒尺打手心，雖然只打三下，可也疼啊，所以我也怕。我寫作文拿給他看，

[3] 熊慶來（一八九三—一九六九），字迪之，雲南彌勒人。數學家，從事函數論研究，定義了「熊氏無窮級」。

評語永遠只有兩個字：囉嗦。我想盡辦法不囉嗦，可總達不到他的標準，儘管老師把我的作文當範文貼出去給大家看。後來我總算明白了，他寫的是論文，我寫的是記述文，是兩種寫法。我要是像他寫論文那樣寫記述文，那大概就成提綱了。所以，我至今還是得請各位讀者看我在這裡囉嗦。

母親教我做家事，她是很細緻的人，要求極高。我們家的衣服很多都是她自己做的，她不趕時髦，可是她做的衣服要能符合她的身分，體現她的風格。我五六歲時就自己補襪子，她教我縫，教我織補。我學會以後，父親的襪子就歸我補了。母親說一家人要有分工，父親工作忙，我要幫她做一些家務事。我承擔的第一件事就是補我自己和父親的襪子，後來父親的衣服都歸我補。大一些我要學鎖邊，鎖扣眼，織毛衣。縫好織好，母親要檢查。常常是：「這一條沒縫好，從這兒到那兒拆了重縫。」初中以後我平常穿的衣服大約有一半是自己做了，到高中時鞋有時也自己做。文革中，因為不用上課，有一陣我納全家的鞋底。冬天，母親和我的棉鞋，還有父親在家裡穿的鞋，都是自己做的。

父親不會做家務，沒有保姆時，飯都是母親做。如果母親出去不能回來做飯，她就得把飯菜都做好，放在蒸鍋裡，父親只會熱一下。而且只會開爐門，不會關爐門，母親回來火是一定滅了的。我八歲以後開始學做飯，母親出去了，我夠不著爐臺，就搬一張椅子放在爐前，站在椅子上做飯。父親在旁邊轉來轉去，搓著手說：「小心，不要燙了手，小心。」

母親買了一個大頭菜，叫我切。我想去玩兒，馬馬虎虎切了就說：「切好了。」母親過來看了一下，說：「切太粗了，你給我一根改四根。」我把每一根鹹菜都改切成四根，改得我脖子酸得抬不起頭來。母親看了說：「這還差不多。你記住了，以後做事就要這樣認真做，馬馬虎虎不行。做事就要一次做好，不要應付。一次做好了就不用重做，重做更費時間。」

我非常感謝母親的嚴格訓練，到美國後我買不到合適的衣服，我得自己做。剛來時就靠我先生的獎學金，他需要一件西服，我們買不起。我花了不到二十美元買了一塊料子，一個紙樣子，自己做了一件。平常吃飯也是自己做，天天吃三明治，漢堡我還是沒法習慣。

一九三四年，父親去法國留學經過印度孟買，船要加水加煤，停在碼頭上幾天。父親上岸看看印度風情，遇到一個美國大兵賭輸了，要賣手錶還賭債。當鋪給的價錢太低，不夠他還債的，他拉住父親要父親買他的錶。那是一塊新的瑞士錶，他要價也不貴，父親就買了。這錶一直用到一九六七年壞了，母親拿去修。修錶的人說這錶太老了，早都不生產這種零件了，沒法修。父親才換了一塊上海牌全鋼錶。母親捨不得扔東西，那塊不能修的錶還留著，收在抽屜裡。我插隊時回來探親，同學聚會說起國產錶。我說父親有一塊上海全鋼錶，因為舊錶壞了。有個同學問舊錶是什麼錶，還在不在。我說是瑞士錶，好像母親收著呢。他說：「你拿來，我帶到我們那兒縣裡去給你賣掉。我一塊舊錶，還不是瑞士的，都賣了六十塊錢，瑞士錶能賣更多。」

我笑：「算了吧，錶鋪都說了不能修。賣給人家，讓人怎麼用？」

回家後我照例是要把到哪兒去，看見誰，說什麼都告訴父母。母親不在房間裡，大概是在廚房。父親聽我說，半閉著眼似睡非睡。我因為沒什麼要緊事，說也漫不經心。說到同學說要賣那舊錶，父親突然睜開眼，拍桌子打斷我：「這種錶怎麼能賣？你也在農村插隊，知道農民種田多辛苦，掙錢多不容易。怎麼能拿這種錶去騙他們的錢？這是坑害農民……」說著喘起來。我也不敢分辨，趕緊倒水拿藥。父親一邊喘一邊說：「你媽媽呢？叫你媽媽來，叫她來……」我叫母親，她慌慌張張跑進來，父親問：「舊錶呢……舊錶……舊錶，拿來……我那個舊錶……」母親急忙找出那個舊錶，父親拿過去，狠狠地把它摔進垃圾桶裡，對母親說：「專門收集破破爛爛，有什麼用……把這些破爛都扔掉，不許拿到鄉下去賣……」母親莫名其妙，不知父親為什麼發這麼大脾氣，為什麼大喘。父親氣喘稍平息一點又對我說：「無論什麼時候，不能坑害別人。不能因為我的工資扣了，就去做這種事。以前我工資高，可是有很多人都是低工資。平均每人十二塊五一個月，多少年人家也過來了，我們為什麼不能？農民生活更苦，我們不能把困難轉嫁到他們身上。吃窩頭鹹菜有什麼關係，這幾年我們不是都好好的嗎？」這次談話給我留下了終生難忘的印象。

這輩子父親對我說得最多的一句話就是「自己好好想一想」，無論是學習，工作，生活，他都要求我獨立思考。我記得八、九歲時我剛會看《三國演義》，有一天他拿《資治通鑑》中的赤壁之戰那一段給我看。看完後我大吃一驚，怎麼這一段和《三國演義》裡的赤壁之戰幾乎完全一樣？我問父親是《資治通鑑》抄《三國》，還是《三國》抄《資治通鑑》？父親笑著說：「你自己好好想一想。」這個問題我一直到上高中才忽然明白，《資治通鑑》是宋朝的司馬光主編，《三國》是明朝的羅貫中寫的，當然是明朝人抄宋朝人，宋朝的司馬光無論如何也沒法抄明朝羅貫中寫的《三國》。很多問題父親都是不直接給我答案，讓我自己想，即使是權威說的話也要自己去判斷對不對，絕不要人云亦云。他這是在訓練我獨立之精神嗎？

父親去世前不久，有一次突然對母親說：「不要留太多錢。」母親沒聽明白，問：「留什麼錢？」父親不說話了。可是我明白了，是說不要給我留太多錢。我是獨生女，除了我，他們還能給誰留錢？他們給我講過一個故事：以前有個財主，非常寵愛他的女兒，女兒出嫁時為她準備了豐厚的嫁妝。結婚前三天在家裡展覽她的嫁妝，一方面是顯示他家有錢，另一方面讓來參觀的人挑毛病，看還缺什麼。親友看了都說好，沒人看出少什麼。有個要飯的老太太也來看，看完了管家問她：「你也來看？你能看出少什麼了嗎？」老太太說：「少一根挑燈芯用的金針。」家主一查果然少了這樣東西，問那老太太：「你怎麼會看出來的？」老太太說：「我出嫁時也有跟這一樣的一份嫁妝，可是比她多一根挑燈芯的金針。」父母知道，如果讓我飯來張口衣來伸手，什麼都不做，即使他們給我留下金山銀山也有坐吃山空的一天。父母去世後，他們留下的錢還不夠我在福田公墓買一塊墓地安葬他們，可是他們給我留下的精神遺產是我一輩子取之不盡用之不竭的。

父親一向要求我生活上要做個普通人，別人能做的髒活累活我也要能做，別人能吃的苦我也得能吃。無論發生了什麼事，無論我走到什麼地方，都要能適應那兒的生活。要寵辱不驚，處變不驚。寵辱不驚是修養，處變不驚是要有一定的生活能力為基礎的。真要是有一天發生了什麼變故的話，我想我賣針線也能度日。從報導中看到一些官員子弟一無所長，只會依仗父兄權勢胡作非為。一旦靠山倒了，貪來的家產沒收了，樹倒猢猻散，牆倒眾人推。我倒真替這些養尊處優，無法無天的二世祖們發愁：他們將何以為生？他們的父母怎麼也不替他們早做些打算。

# 十三、親朋好友

父母都是來自大家庭，父親兄弟六個，姐妹三個。母親家反過來，姐妹六個，兄弟三個。再加上叔伯的，表親的，都是大排行，我只好父母讓我怎麼叫就怎麼叫了。十五姨還不是最小的，還有更小的，我記得我好像還有十八姨。大伯也不止一個，東牙巷的，廟巷的，這一房的，那一房的。哎呀，要是幾個大伯一起來，我可怎麼辦呀？

一九四九年，父親在清華園裡遇見農學院的院長湯佩松教授。兩個人都打橋牌，是不錯的朋友。湯先生說他需要一個英文秘書兼圖書館管理員，要會英文打字，可是找不到合適的人。我十姨正在找工作，父親就說：「我姨妹英文不錯，會打字，正在找工作。」湯先生說：「讓她來試試。」

父親回家就讓母親回娘家通知十姨，隔天十姨就到清華農學院面試了。湯先生考了她一下，用英文問了一些問題，十姨也用英文回答，湯先生很滿意，十姨立刻就到農學院上班了。十姨是很能幹的人，做事很快，把秘書工作和圖書館工作做得井井有條，不但湯先生，其他教員也都很滿意。

湯先生是民國第一任議長湯化龍的兒子，十姨在農學院工作了一段時間後，湯先生開始追她，十姨嚇得扔下工作逃回城裡外公家，不肯去上班。湯先生有一輛摩托車，這在當時的北京是極稀罕的物件，他一有空閒就騎摩托進城去追十姨。不知他給我外公外婆講了多少美國笑話，一直講到他們把女兒嫁給他。他們是五〇年結婚的，那時我兩歲。父親沒想到介紹秘書變成介紹女朋友了，不過他和十姨夫一直是好朋友，經常一起打橋牌。十姨打橋牌也打得很好，另一位搭檔是陳岱孫表伯父，他和十姨夫是清華同學，自己一家就湊一桌牌。「文化革命」時十姨夫是科學院植物生理研究所副所長，又兼北大生物系教授，當然是挨批挨鬥首當其衝。他被關在所裡勞動，家是所裡抄了外邊不知道哪兒的紅衛兵，紅小兵又來抄，他父母的遺物和十姨的首飾全都被抄走，至今不知去向。北大生物系造反派命令他交代問題，他有什麼問題？湯化龍的兒子能沒問題嗎？那不翻了天了？他寫了交代，可是人在所裡不能送去，只好我陪上小學的表妹送到生物系什麼委員會辦公室。「委員們」見是一個小學生，一問三不知，只好放我們回家。十姨夫在清華是足球明星，身體很好。所裡的重體力勞動讓他飯量大增，十姨和表妹省下糧票想給他送去，又怕被所裡扣下。十姨讓我和表妹假裝給他送換洗衣服，伺機把糧票給他。我們姐妹倆揣著糧票，拿著衣裳到植生所去，在傳達室先被檢查了一遍衣裳，然後：「叫湯佩松！」怎麼聽著就像《紅燈記》裡的「帶李玉和」？我們在屋裡看見十姨夫跑步到門口喊「報告！」雖然老了瘦了，但運動員的架勢不倒。把衣服交給十姨夫後造反派不許表妹和他說話，讓我們先出來，命令十姨夫把衣服送回宿舍立刻去勞動。我和表妹在路上松牆後等著，十姨夫急急忙忙去追那勞動的隊伍，突然看見我們吃了一驚。我們把糧票給他，表妹趕緊把十姨讓她說的話告訴姨夫，臨分手十姨夫還不忘問我父親怎樣。「文革」後十姨夫做植物生理研究所所長，到美國作學術交流，到臺灣中研院開會。表妹結婚後他年事已高，表妹接他來住了一陣，他還是要回北京，只有回到北京的家他才踏實。他以古稀高齡繼續著他報效祖國的初衷。

陳岱孫表伯父和父親是堂姑表親，他是獨生子，父親早已去世，只有老母親，也就是父親的舅母（我叫她舅婆）跟著他生活，表伯父十分孝順。舅婆在世時，每年過陰曆年父母都帶我去給她拜年。六〇年代初吳晗伯伯請了幾位老清華的朋友到頤和園吃晚飯，包括父親和表伯父，飯後聊得很晚，出來時已是九點多鐘。頤和園的房子門前有一個寬大的檯子，臺階很高。天黑，只有一盞門燈，表伯父沒看清，從檯子上摔下去，一條腿斷了。接上骨頭後他出門經常拿一根拐杖，但來我們家時上樓下樓沒有問題，也不見他瘸拐。「文革」初期他和父親一起關在黑幫大院，有一次我去找父親，正逢他們開飯。看見表伯父一手端一碗白菜湯，另一手拿一個窩頭，排著隊往外走，不拄拐杖，湯也不撒。四人幫成立梁效前網羅知名知識分子去給他們裝門面，北大老教授幾乎人人避之唯恐不及，大家爭相裝病。表伯父身體太好，無病可裝，就突然大瘸起來。只跟我們家人在一起時，他不用拐杖走得好好的，沒見他瘸。一有外人他就拄起拐杖，一走一歪。如果遇到紅衛兵或工，軍宣隊，那他簡直是瘸得不能走了。我們都知道這是一種消極抵抗，不為四人幫所用。打倒四人幫後，他復出工作，八十多歲還給本科生上課，九十多歲還帶博士生。拐杖也許還是用的，可是八十多歲的人了，沒摔斷過腿的不也用拐杖嗎？

那段時候父親的老朋友裡「病」的可真不少，陳芳芝姑姑[1]在政治學習時哼了幾聲倒在地上，被送到醫院去說是犯了心臟病。她是我大姑的同學，和我父親及二叔都是同事，跟我母親也很熟，我和我先生認識她是媒人之一。我去看她好幾次，沒趕上過她犯病，但是那一段時間她不出門，哪兒都不去，連曬太陽都是在後院廚房門口。「文化革命」結束後，她又寫書又教書，天天在蔚秀園裡散步。雖然還是有病，但和文革中大不一樣了。以她的脾氣是寧可在家裡「宅」死，也不去為四人幫出力的。

侯仁之伯伯[2]一向身體很好，他是地理學家，那段時間他去考察沙漠了，在那種不通郵，不通航，不通電話，連水電都不通，誰也找不到的地方一躲幾個月。父親對他非常佩服。我感覺當時有很大一批老一輩的學者在無聲地抵制四人幫，想盡辦法不與他們合作，父

1 陳芳芝（一九一四—），廣東汕頭人，北京大學歷史系教授。
2 侯仁之（一九一一—二〇一三），歷史地理學家、中國科學院院士。

親是他們當中的一個。

但是也有幾位伯伯就不這麼「幸運」，他們既無病可裝，也無處可藏。魏建功伯伯[3]住在燕東園橋西，我們住在橋東，每次出去都要經過他家門。母親和魏伯母見了面總要聊幾句。有一天母親回來說：「路上碰見魏太太，我跟她提起魏先生去大批判組，她好像很不高興。對這事提都不願意提，不搭我的茬，打岔說別的。魏先生大概不喜歡去那兒吧？」父親點頭。大批判組後來變成了梁校，那不是一個誰想去就能去，誰不想去就能不去的地方，從魏伯母的態度上可以看出魏伯伯進梁校恐怕是一種無奈。北大有四位老教授進了梁校，雖然他們的態度和作用可能有所不同，但據我所知，他們中沒有一個是自願申請，主動報名去那個不叫你去你想去也不能去，叫你去你不去也得去的地方的。「文革」後他們被指為「四大不要臉」而身敗名裂，我認為倒不如說他們是四大倒楣蛋。

每年給舅婆拜年後，我們還會去朗潤園幾家。一家是鄧公公家，我不知道他的名字，只叫他們老兩口鄧公公、鄧婆婆。鄧公公應是父親的老師輩，父母都對他們恭謙有禮，每年一定去拜年。另一位一定去的就是外籍教師溫特先生家，父母稱他Mr. Winter，可是讓我叫他溫伯伯，不知道那個「特」到哪兒去了。他是父親的英文老師，他和鄧公公一輩子都是父親

3　魏建功（一九〇一—一九八〇），語言學家，曾任教於臺灣大學中國文學系，後任教於北京大學中文系。

的老師。

我們還去鄧廣銘伯伯家，鄧伯母在城裡工作，平時很難見到她，只有過年時見過她。他們的女兒鄧小楠小時候跟鄧伯母住在城裡，每次鄧伯伯看見我就要說起小楠的趣事，愛女之情溢於言表。我很羨慕小楠，她和鄧伯伯同行，她不但可以瞭解她父親的生活，也與她父親在事業上相通。我卻只能瞭解我父親的生活，對他的事業我是門外漢，除了替他抄點稿就幫不上別的忙了。鄧伯伯和父親交往最多的時候是「文化革命」期間，兩人一同被關進牛棚，一同被點名去標點《二十四史》，一同挨批。連在牛棚中，每週兩小時回家都得同行「互相監督」。這監督也有意思，他們就是用這段時間「交流情報」，你聽說什麼，我聽說什麼，互相通報，共同分析研究。向伯伯的書是康生拿走的，肯定是鄧伯伯告訴父親的。因為父親去世後鄧伯伯曾告訴我，當年革委會拿書讓他鑑定真偽，說是康生的書。他打開第一頁赫然看見「覺明藏書」的印章，他才知道「竊書的讀書人」原來是康生。這種患難中建立的信任和友情是牢不可破的，父親去世後，鄧伯伯對我表示過由衷的惋惜和悲哀。

院系調整後我們搬到北大來，父親帶母親和我去看望他在老北大的朋友，大都是母親沒見過的。

我們到金克木伯伯家，不但金伯伯是父親的朋友，金伯母的哥哥唐長孺先生也是父親的朋友。第一次到金伯伯家去，金伯伯，金伯母熱情地接待我們。他們有一個和我差不多大的兒子，兩個比我小的女兒，一個還不太會走，另一個抱在手上。當大人們聊天的時候，那個小男孩（三歲）就得做小主人來招待我。金伯母拿糖果來時，他會很少年老成地讓我，對我說：「不客氣，喜歡哪樣自己拿。」又搜腸刮肚地找出話來陪我「聊天」。他穿了一件帶口袋的翻領罩衣，實在找不出話來只好兩隻手在口袋裡掏呀掏，那天足掏了兩個小時，什麼也沒掏出來。我很遺憾沒有口袋，不能掏，只好把不知往哪兒放的兩隻手放在腿上。我想這種讀書人的家庭，家教大概都差不多，從小就要規規矩矩，客客氣氣，不許鬧，不許大聲說話，要有禮貌。難怪不但父親和金伯伯是朋友，母親和金伯母也成了朋友，母親說和金伯母有一種相通的感覺。

當然王鐵崖伯伯也是父親的好朋友，王伯伯也是福州人，也上清華政治系，也學國際關係，雖然比父親低兩年但是同一系。抗戰後王伯伯在北大教書，父親在北大兼課，常有來往。我知道邵家與王家有親戚，但不知道是不是王伯伯家。院系調整前的北大，母親只去過王伯伯家，所以我想也許有親戚關係。王伯伯有時和我父親說福州話，偶然遇到二叔在的話更得說福州話，二叔的普通話比父親說的還糟。五〇年代有一位德國專家來講學，父親和王伯伯接待，母親和王伯母也參與接待他的夫人。五七年王伯伯被劃了右派，父親一直同情他，盡自己所能幫助他。即使在那段時間裡，我們兩家的關係也是很好的，從沒受過影響。父親去世數年後，我的孩子出世，王伯母來看我。當時車很擠，她從藍旗營一公寓走到中關村，好不容易擠上三三二路，可是在北大西門擠不下來，一直到頤和園才下了車。只好從頤和園又擠上三三二路往回坐，北大西門還是下不來，等擠下來已回到中關村了，她是從中關村走到蔚秀園我家來。我真過意不去，六十多歲的長輩這樣來回跑只是為我賀喜。同時我也深深地感到王伯伯、王伯母對我家的深情厚誼。

楊人楩伯伯和伯母一搬到北大就來看我們，因為父親在北大兼課，他和楊伯伯早就認識。母親和楊伯母雖是第一次見面，可是很投緣。楊伯伯、楊伯母沒有孩子，但他們都喜歡孩子，所以我常成了他們和父母的話題。楊伯母聽說母親會做衣服後，說她有些旗袍穿著太瘦了，可以給我改衣服，隔天就送來一包。我小時候穿過幾件很好看的連衣裙，都是楊伯母的旗袍改的。父親的西南聯大的學生從南方來看他，送了他兩瓶瀘州大麯。父親平時不喝酒，只有楊伯伯來就一人一杯地喝酒聊天。

有一次有人敲門，父親答道：「請進。」

楊伯伯在門外叫：「你把門鎖起來還叫我請進，你不開門我怎麼進來？」

父母和我分別從三個地方跑過去開門，楊伯伯進來對母親說：「你看，他把門鎖起來還叫我請進，那我怎麼進得來？」

楊伯母跟在後頭笑著說：「這個人就是這樣，就是這樣。」

楊伯伯問父親：「你的好酒還有沒有？」

父親說：「有，有。」一邊開櫃子拿酒，一邊對我說：「去拿兩個酒杯來」，母親則是忙著去弄酒菜了。

我們到楊伯伯家，楊伯母總要拿出很精緻的點心招待我們，都是她自己做的。她還教母親做熏魚和她家鄉的爛麵餅。熏魚母親學會了，爛麵餅太難做，母親沒學會。我從小就知道，只要到楊伯伯家去，一定有好吃的。母親在近代史資料叢刊編輯室工作的時候楊伯母也在那兒工作，她們又變成同事了。以後一直保持至工作時的習慣，兩人說話時互稱姓名。母親只有兩個朋友是直呼其名的，一個是楊伯母，另一個是地質學院楊遵儀夫人，她和母親都是上海中西女塾的學生，算是校友。

「文革」中父親和楊伯伯在牛棚裡四同，同吃同住同勞動還加上同挨鬥。六九年稍寬鬆一些，楊伯母去了鯉魚洲。楊伯伯和父親都是病號，革委會規定，每天早上父親和楊伯伯到周一良伯伯家開會學習，下午周伯伯去系裡彙報，他們兩人在家休息。楊伯伯就一個人在家，我們兩家住隔壁，他每天下午到我們家來，和父親天南海北，古今中外聊到吃晚飯。我當時在山西插隊，回來探親時楊伯伯借給我看過《戰爭與和平》。還給我看過一本書，是一個歐洲記者在南京大屠殺時拍的照片，極慘，好些照片我不敢看。楊伯伯說因為他做過記者，所以得到這本書，一直珍藏著。

燕東園外有一家製藥廠，每晚排放有毒氣體，父親和楊伯伯一到這時就犯喘。七二年後，他們兩個人都是時刻不離哮喘噴霧劑了。父親去世很突然，楊伯伯聽說後立刻來憑弔，我看他滿面悲戚，面目浮腫。臨走時他對我說：「我也活不了多久了。」我驚訝得說不出話來，楊伯伯怎麼會說這個？可沒想到父親四月去世，楊伯伯九月也去世了，難道他有預感嗎？

徐毓枏伯伯和父親在西南聯大就很熟悉，在清華和北大我們都常有來往。從我記事起，我的小朋友裡就有他們的女兒徐秀平，因為父母經常帶我到他們家去，他們也常來。徐伯伯人很老實，學問很好，雖然和父親不同行，但正因為不同行，所以他們的交流可以開闊眼界，互有教益。徐伯伯去世的早，去世時他的兒子才幾個月大。當時徐伯母身體很不好，她擔心自己的身體等不到把孩子養大，為防萬一，就給他們的兒子認了我父母做乾爹乾媽。我叫這個乾弟弟小弟，他很爭氣，雖然到農村插隊耽誤了些時間，但他還是考上了大學，生物系畢業後又考上科學院的研究生，以後到愛爾蘭和北歐做研究。

父親在清華學過俄語，老師是一位俄國學者葛邦福先生。我們在清華時和葛邦福家住得很近，兩家常來往。父親對他亦師亦友，他說中文口音很重，和父親常用英文交談。他夫人中文好像更差，搬到北大後，我記得有一次母親帶我去他們家，有一個員警在座。葛邦福夫人說英文，母親翻譯，員警紀錄。我大概有五六歲，不知道他們在幹什麼，自己在一邊玩兒。長大後才知道，那次是公安局對外國人登記。葛邦福夫人怕中文不好說不清，請母親去給她翻譯，所以有個員警在那兒。

南開大學的鄭天挺伯伯也是父親的好朋友，他們在西南聯大同事，抗戰勝利後一個回北大，一個回清華。但因為父親一直在北大兼課，所以兩人還是同事。一九五二年院系調整，鄭伯伯被調到天津去了，父親很惋惜不能再和老朋友共事，但兩人還是不斷有來往的。鄭伯伯每次來北京都會來找父親，我記得我們在三公寓住時，鄭伯伯來我們家，說起他和母親都是福建人，都姓鄭，還和父親考證了半天是不是一家。母親說她家祖上是河南人，因改朝換代，戰亂，從河南幾經遷移搬到福建，最後父親和鄭伯伯的結論是：不是一家。父親對鄭伯伯的人品學問都很敬佩，對我說過，要學清史的話就得考南開。

榮天琳伯伯[4]和父親共事多年，歷史系近現代史教研室是他們兩個人共同負責，多年來一直合作得很好。我知道父親從未涉及現代史的教學和研究，這方面的工作完全是榮伯伯擔負著。榮伯伯是一個勤勤懇懇任勞任怨的人，和父親同心同德，把教研室的工作搞好。榮伯伯常來我們家，父親也常去他家，兩個人一起研究，商量教研室的工作。如果說院系調整後，北大歷史系對中國現代史做出過什麼貢獻的話，那是榮伯伯的功勞。

父親交友甚廣，我小時候晚飯後常有客人來，父母也常帶我去朋友家拜訪。父親的朋

4 榮天琳（一九一八—二〇〇九），史學家，曾任北京大學歷史系教授、黨總支書記。

友各學科的都有，年齡從他的老師到學生都包括在內。客人來了就是一杯清茶一包煙，聊一個晚上也不見他們疲倦。我那時還小，聽不懂他們說什麼，只知道他們有時說得高興，開懷大笑像小孩。有時意見不一，各自據理力爭，不過今天爭完了明天還來，還是好朋友。我知道有來往的有趙九章[5]、傅鷹[6]、趙兆雄[7]、龔祥瑞、楊周翰[8]、李賦甯[9]、趙以柄、王憲鈞、侯仁之、王竹溪、游國恩[10]、朱光潛[11]、林庚[12]、任華[13]、朱德熙、任繼愈[14]、楊遵儀[15]等伯伯。我覺得父親的淵博學識與這種交往有很大關係，無論爭論有無結果，大家都從

---

5 趙九章，地球物理學家、氣象學家。

6 傅鷹（一九〇二—一九七九），字肖鴻，物理化學家、教育家，開啟中國膠體科學研究。

7 趙兆雄，歷任南開大學、雲南大學、西南聯大、清華大學、北京大學教授。

8 楊周翰（一九一五—一九八九），一九三九年畢業於北京大學英文系，曾任教於西南聯大、清華大學、北京大學。

9 李賦寧（一九一七—二〇〇四），通曉多種外語，曾任教於清華大學、北京大學。

10 游國恩（一八九九—一九七八），楚辭研究專家、文學史家，曾任北京大學教授。

11 朱光潛（一八九七—一九八六），美學家、文藝理論家、教育家、翻譯家，曾任北京大學教授。

12 林庚（一九一〇—二〇〇六），現代詩人、古代文學學者，曾任北京大學教授。

13 任華（一九一一—一九九八），哲學家，曾任北京大學教授。

14 任繼愈（一九一六—二〇〇九），哲學家、佛學家、歷史學家、國家圖書館館長、名譽館長。一九四二年至一九六四年任教於北京大學哲學系。

15 楊遵儀（一九〇八—二〇〇九），古生物學家、地質學家、地質教育家，中國科學院資深院士，曾任中國地質大學教授。

中獲益匪淺，很多新的探索就是從此開始的。淵與博是相輔相成的，抗戰中條件那麼差，但產生了一批中國現代各學科的大師，跨學科的交流應該說是原因之一。這些大師不論是文理工醫農科，都是通今博古學貫中西。院系調整後成立了一批專一學科的學院，對充分利用資源造就高精尖人才是有利的，但「博」字上少了一點，不利於產生大師。一九五七年後這種情況就不存在了，父親的一些老朋友被劃成右派，大家都變得深居簡出起來。以後漸漸學會說話，做事前先到一本經典裡找出相應的理論，大家就沒什麼可爭的，學術發展的範圍也就變得越來越窄了。人應該寬容一些，學術爭論是文化發展的途徑，一言堂只會扼殺文化發展。當然學術爭論僅限於發表自己的學術見解，絕不是個人攻擊、謾罵或扣帽子。父親和汪敬虞先生有過爭論，但兩個人是互相尊重的，而且一直是朋友。父親過世後，聽說汪敬虞先生很悲傷，覺得痛失諍友。海納百川才成其為海，能與不同觀點的人成為諍友才有可能成為大師，心胸狹窄，容不得其他意見的人怎麼可能成為大師呢？

父親在年輕一輩的學者中也有朋友，如田余慶[16]、許大齡[17]叔叔。

父親曾給過母親一張講座的票，要母親去聽。因為父親很少要求母親做什麼事，所以母親很奇怪，問：「是誰講？是不是講得很好？」

16 田余慶（一九二四—二〇一四），北京大學歷史學系教授。

17 許大齡（一九二二—一九九六），明清史專家，曾任職於北京大學歷史系中國古代史教研室。

父親說：「是田余慶講，不是很好，是現在的年輕教師中少有的講得這樣好。」母親去聽了，回來後說：「果然是講得好。」

我在歷史系資料室工作時，徐大齡叔叔曾對我說父親是他師長一輩，但我看父親是一直把他當朋友待。我記得許叔叔很認真很細緻地告訴父親他參加開發定陵和參觀薩爾滸的見聞，父親有問題時就像小學生一樣提問，許叔叔卻是恭恭敬敬地解答。

父親還有一些朋友不在學術界，如郭湘賢大夫。他是十幾歲就參加八路軍，後來在白求恩醫院學習，成為部隊醫生。五〇年代後期他轉業到北大校醫院，搬到三公寓和我們做了鄰居。父親有時會和他在院子裡一談兩三個小時，母親問父親：「你們在談什麼？」父親說郭大夫是很正派的人，知道很多事。我想兩個經歷這樣不同，工作這樣不同的人，知道的事情一定是很不一樣的。我猜想也許他們是談政治上的事，因為父親沒告訴母親談什麼。如果是醫學上的事，父親不會不告訴母親的。「文革」中，因為新北大公社說郭大夫就是江青說的「紅旗飄裡的壞人」，他被抓走關起來迫害致死。

另一個朋友是一位廚師，叫趙廣利。一九四九年前清華的單身教員曾找他做包飯，所以很多教員都認識他。一九四九年後私人廚師漸漸找不到工作了，他有幾個孩子，沒有收入很著急。父親聽說北醫的食堂招廚師，趕緊介紹他去了。幾乎每年他都來拜年，父母留他坐，父親跟他聊天。他對那哪個商店賣的菜品質好，哪種菜要什麼地方出的都瞭若指掌，細細向父親道來。

# 十四、鄭孝胥及其子孫

二〇一九年，我回國開會見到幾位近代史學者，其中有人對鄭孝胥頗有研究。聊天時我說鄭孝胥有五個兒子，他們睜大眼睛，吃驚地說「啊？」我感到有一些鄭家生活中的事網上傳的有錯，我把我自己看到和聽長輩說的他們親身經歷的事記下來，供研究這方面的學者做個參考。

## 鄭孝胥的子孫

### 1. 鄭孝胥有幾個兒子？

鄭孝胥有五個兒子。長子鄭垂，據說從小老成持重，他父親認為他堪當大任。次子鄭禹，從小頑劣。三子大約十幾歲時死於猩紅熱，四子早夭。五子鄭何，幼年因生病，醫生給的藥量過大傷了腦子，比他的哥哥們慢一些。他父親沒讓他出去做事，一直給家裡管賬，是個很好的家庭會計。

鄭孝胥還有個妹妹，嫁給同鄉陳家，生了一個女兒後不久就去世了。鄭孝胥怕妹夫續娶後繼母虐待外甥女，把這個小姑娘接到他家與自己的女兒們一起撫養。他在長沙工作時，這個妹夫的哥哥與他在同一個衙門裡共事。兩人既是親戚，又是朋友，就給次子鄭禹和陳家的女兒訂了娃娃親。陳家女兒不知訂親的事，常隨她母親去鄭家拜訪，與鄭家女兒和自己的叔伯妹妹一起玩兒。鄭禹卻是知道訂親的事，未婚妻來了，他就躲在窗後偷看。後來親戚們知道了傳為笑柄，他卻毫不在乎。

**2. 鄭禹是哪年出生的？**

網上鄭垂出生於一八八七年，但鄭禹卻有兩個出生年。一個是一八八九年，這個是對的，另一個是一八九八年，這個錯了。鄭垂和鄭禹於一九〇五年五月一起到日本留學，如果鄭禹生於一八九八年，一九〇五年他還不到七歲怎麼可能跟著哥哥去留學？從家裡我也知道他去留學時已近十六歲了。

**3. 鄭禹為何回國？**

網上說一九〇六年四月，鄭禹因練體操受傷而退學，歸國治傷，同年七月結婚。我小時候多次見過鄭禹，他胳膊好好的，從沒受過傷，而且看他那樣子也不像練過體操的。不過他屬於高個子，大約一米八左右。回國的原因是他和日本同學打架，被學校關了禁閉。鄭垂飛報家裡，鄭孝胥立刻給鄭禹退學回國。四月回國，七月就結婚，這是有原因的。任何中學男生打架都不是奇怪的事，但是打到關禁閉就不是小事了。鄭禹到底闖了什麼禍我不知道，但是不管誰家兒子受了傷，父母都是趕緊找醫生治傷，也有兒子傷了不看病，先關他禁閉，再給娶個媳婦的嗎？我曾和我表哥討論過這件事。因為網上提到受傷，所以我們懷疑是不是他把日本同學打傷了？如果是這樣，那關他禁閉也不奇怪。他父親立刻把他退學叫回國，也是因為這禍闖得太大了。中國有句老話：「成人不自在，自在不成人。」四月回國，七月就結婚，看著像是他父母逼他成人。讓你當丈夫，當爹，看你還敢頑劣不成人嗎？於是從小訂下娃娃親的陳姑娘就肩負著逼丈夫成人的重擔嫁進了鄭家，這對小夫妻後來就是我的外公外婆。從此外婆與鄭家的女兒，還有她的叔伯妹妹（就是鄭孝胥從他妹夫家接回去的的外甥女，我叫她十姨婆）一起送去上崇實女塾。外婆家也是世代讀書人家，她從小由老先生教書，不但能讀書識字，還會做詩。我小時候見過她給她姐姐寫的一封信，就是一首樂府詩，但我那時太小，不記得詩的內容了。她也看了許多世界名著，《三劍客》、《基督山恩仇記》、《悲慘世界》等，我都是從聽外婆講故事知道的。

我外婆對外公是絲毫不怕，她說話很直，兩個人吵架總是外婆發難，外公卻是連蒙帶哄，處於下風。這大概是因為外公能成人是被外婆逼的，外婆像一個管他的大姐姐。我聽我母親說他們最厲害的一次吵架是鄭孝胥要外公去東北幫他，外婆不同意，與外公大吵。當時母親在場，外婆說：「你鄭家父子愚忠愚孝，害我子孫。」外公說不過外婆，又不敢違抗父命，拔出手槍要自殺。外婆嚇得不敢吭聲了，乖乖跟著去了東北。我回國探親時見到我小舅鄭穎達（北大東語系副教授），問他是不是有這回事。他笑著說：「哪是真自殺呀，嚇唬你外婆的。」

**4. 鄭禹回國及離開北京的原因：**

鄭禹婚後在上海補習了英文，然後到英國利物浦大學土木工程系留學。一九一一年辛亥革命推翻清朝，鄭禹對國內和家裡情況都很擔心，就輟學回國了。網上說他是因為付不起學費回來，錯了，鄭孝胥賣字，一字千金，哪兒會付不起兒子的學費呀。回國後鄭禹在上海幾家公司工作過，給自己家蓋了一座樓，全部衛生設備，採暖設備，廚房設備都由英國進口。他一生認為英國貨最好，對日本貨嗤之以鼻，不知是不是在日本被關禁閉的後遺症。這是這個利物浦大學土木工程系的學生一輩子自己設計，自己監工建造的唯一一所房子。大約一九二〇年代初期，他到北平（今北京）京華印書局（今天的商務印書館）工作，從基層做到襄理。當時我母親也和父母兄弟姐妹都在北京，她說一家人過得挺好的，但是後來突然回上海。網上有說是因為「同商務印書館總部不和而辭職」，其實不是這樣。當時北洋政府電請鄭孝胥出任交通部長，鄭回電「家有小事，弗克應召」。北洋政府聽說他的兒子鄭禹在北京，預備綁架鄭禹，迫使鄭孝胥就範。京華印書局的同事聽說此事，立刻告訴鄭禹，他連夜帶家人逃回上海。我母親說那天下午外公匆匆回家，他在外邊集中傭人發放遣散費。外婆帶子女在裡邊急急收拾行李，家具全不要了，半夜連人帶行乘馬車奔向火車站。幾十年後母親告訴我時還心有餘悸，說當時北平夜深人靜，一路上只聽得拉他們車的馬蹄聲。他們就怕半路被北洋政府劫下來，拚命朝車站跑，直到上了火車才稍微定下心一些。

**5. 鄭垂之死：**

鄭孝胥對日本控制偽滿一直不滿，他訪問日本時到處說「滿洲國已不是小孩子了，就該讓它自己走走，不該總是處處不放手。」引起日方不滿，一九三五年，他從日本回國後不久，日方就讓他退休了。他要求回北平，但日方不許，以後基本上是在長春軟禁。外面可能只知道這些，但家裡知道，他與日方早有嫌隙。他的長子鄭垂是日本早稻田大學畢業，有同學在日本外交部工作。當時日本有主戰派和主和派，外交部是主和派，與軍部有矛盾。鄭垂與他的同學聯繫，想從外交部影響日本與偽滿的關係，但是被軍部發現。這就不是說說而已了，而是有實際行動，犯了關東軍大忌。一九三三年鄭垂的妾小春得了猩紅熱，是一個日本醫生給治好了。鄭垂被她傳染上，也是那個醫生來治。我母親說，本來那醫生是緊巴結著治的，眼看已經好多了，關東軍來跟那醫生談了一次話。下午醫生給鄭垂吃了一次藥，晚上鄭垂就死了。鄭垂剛死，關東軍就進宅，立刻把屍體裝殮守住棺材不許家人靠近，緊跟著就有日本人和偽滿官員來弔唁。這樣一直鬧到出殯的前一天夜裡，關東軍撤走了，外公才有機會去跟他哥哥告別。他打開棺材蓋一看，鄭垂七竅流血，是被毒死的。他趕快蓋上棺蓋，跑去告訴他父親。他們不敢對外人講，但家裡人是告訴了。

## 6. 鄭孝胥的孫輩及抗日殺奸團：

鄭孝胥的夫人活著時，鄭禹和鄭何一家及鄭垂的夫人子女都在上海，陪伴老太太。老太太死後，鄭孝胥把鄭禹叫到東北，把上海的海藏樓賣了（好像是賣給了一個學校），在北平西直門附近買了一個宅院（他大概還想把溥儀弄回北京做大清皇帝），鄭何一家及鄭垂的妻兒都住在西直門。鄭垂突然死了，他的夫人立刻帶子女來奔喪，當時在長春家裡辦喪事，鄭禹把鄭垂是被毒死的事告訴了他的嫂子和侄子姪女。他的侄子鄭統萬回北平後和鄭何的女兒鄭昆侖一起加入了軍統周邊組織——抗日殺奸團，親戚中還有十姨婆的兩個女兒——魏文昭，魏文彥。他們四個都是中學生，另有一個是我外婆親妹妹（我叫五姨婆）的兒子——葉于良（在網上能查到他的材料）。一九四〇年由於叛徒出賣，鄭統萬在自己家裡被捕。鄭昆侖跳後牆出去給她的男朋友葉于良報信，在葉家被捕。同時被捕的還有魏文昭，魏文彥。我小舅曾告訴我，當天正是暑假期間，外公打發他回北平。他在西直門火車站下車，雇了個三輪連人帶行李一起拉回西直門的家。到家正逢日軍抄查，他被推進一間房，與鄭垂的夫人子女關在一起。眼看著鄭統萬被五花大綁拉出去，家裡還抄出武器。日軍走後小舅飛奔去打電報給外公報信，外公趕進關來「撈人」，他托人，花錢，找關係，最後日本人以送他自己的孩子到日本上學為條件放了鄭統萬和鄭昆侖。我從小就聽母親講過我的十姨公（開灤煤礦經理）被日本人敲了一大筆錢，才把文昭，文彥兩位表姨放出來。只有葉于良表舅因是北平負責人之一，外公想盡辦法，日本人也不放他。他們五個人在監獄裡都被吊打，坐老虎凳，但都沒屈服。我小舅鄭穎達當時正上中學，作為交換條件，他和我的兩個姨被留學日本。他是幼子，不但父母，連我母親這樣的姐姐也對他十分疼愛。他當時大約不到二十歲，在日本住在日本人家裡，生活雖然不是很苦，但常年不能看見父母。一個姨可能因為是女孩子，快到結婚年齡了，在日本這種重男輕女的社會不受重視，所以比較早回來了，小舅和小姨卻沒回來。後來他考上慶應大學。入學時他報的是商科，因為外公不想要他從政，想讓他經商，可是學校不容分說就把他分發到法科去了。我問過他去日本「留學」是不是做人質，他想了想說：「應該說有這種因素。」這是為什麼我感覺他這位日本留學生不是親日派，他跟我談起日本時，使我覺得那是一個很生硬的渾不講理的地方，他一直到日本敗相大露才回到父母身邊。他從小學到中學多次轉學，從上海轉到東北，再轉到日本，沒有機會受到連續的系統教育。抗戰勝利後，清華辦了一個先修班，專門給戰爭中沒能受到正常教育的學生補習。小舅也進了這個先修班，住在我們家。母親很喜歡她這個弟弟，父親也像對自己的親弟弟一樣對待小舅，有時和小舅下圍棋，還帶他去和王竹溪伯伯下棋。後來小舅到城裡上大學了，五二年院系調整後，他和我們都到北大來，在東語系讀書。他經常到我們家來，跟父親關係很好。他已從東語系退休，還住在北大宿舍，前些年去世了。小姨在日本上的是天主教學校，後來做了修女。統萬舅與我小舅同時被留學日本，日本投降後回到北京。一九四九年之前去了臺灣，多年沒有音訊，直到改革開放後才回來探親。鄭垂的長女鄭維夏一九四九年前從輔仁大學物理系碩士畢業，後來到美國讀了博士。我到美國後去看她，見她家牆上掛著美國航天局為表彰她在阿波羅登月工程中所作貢獻的獎狀，才知道她是一位航太工程師。她告訴我，她收到她在輔仁的同學王光美的邀請信，請她回北京參加校慶活動。她很想念北京，但她和美國航天局簽過合同，退休後十年之內她的腳不得踏上共產領土，所以她不能回去。那封邀請信她一直保存著，還給我看了。她是一個做事非常嚴格的人，絕對信守承諾，所以沒有回北京，已於十年前去世。

### 7. 鄭孝胥之死：

網上有說鄭孝胥是被毒死的，不是。他本來身體還不錯，一九三八年他得了感冒，沒有住院，一直在家裡休養。可能因為年紀大了，病了十來天就比較平靜地死去。他死時鄭禹夫婦及幾個子女都在身邊，沒見有中毒的現象。鄭孝胥的遺囑是要回上海與夫人合葬，但日方不許，要在長春「國葬」。鄭禹撒了個謊，說鄭孝胥忠於清室，遺囑要葬在瀋陽陪伴清朝先皇，後來是葬在瀋陽東陵附近。據我母親說，鄭禹的想法是瀋陽比長春離海邊近，上船方便，以後如有機會，他還是要把鄭孝胥移葬回上海。日方可能因鄭孝胥葬在瀋陽，任命鄭禹做奉天（瀋陽）市長。

**8. 鄭廣元留學英國：**

鄭廣元是我大舅，鄭孝胥的長孫，由溥儀指婚娶了溥儀同父同母的妹妹。婚後他們一起去了英國留學，他們的大女兒出生在英國。我上初中時，有一次大舅媽來看我母親。他們兩個人聊天，說起以前的事，大舅媽說：我們在英國的時候，有一次通過莊士敦求見英國國王，但他們拒絕見我們。過了不久就宣布我們是不受歡迎的人，然後就讓我們回國了。可是日本人不讓我們回東北，叫我們直接去東京。一到到東京，日本外交部就請我們吃飯，他們的幾個外交官盯著我們看。一看，就是倆毛孩子帶一個英才（他們的女兒，大概不到兩歲），還跟一個老德媽（保姆），沒一個像能辦事的人。就給我們吃了一頓飯，把我們放回來了。大舅媽一邊說一邊笑，母親一邊聽一邊笑，我在旁邊一邊寫作業一邊笑。前些年我想起這件事，突然想到他們為什麼要求見英國國王啊？而且還通過莊士敦，這是很正式的。日本人又為什麼這麼緊張呢？大舅是一個很穩重的人，辦事會考慮得很周到，絕不會為了瞧瞧那英國國王都長啥樣了求見。這應該是家裡讓他求見，可是是哪家讓他求見的呢，鄭家，還是愛新覺羅家，或是兩家都要他去見？可是那時太晚了，大舅，大舅媽都已去世，我已經沒機會問了。鄭孝胥一直主張共管，這會不會是他想找幾個歐美國家來共管的行動呢？不然日本人著什麼急？我是解不開這個謎，不知英國外交部檔案裡有沒有記載，日本方面對這頓飯有沒有什麼說明，鄭孝胥日記裡有沒有記載？但我知道鄭家是親英派，小時候一提到日貨，外公就說「東洋貨，型得很，不結實」。我不懂什麼是「型得很」，大一些了問我母親。她說：日本原材料太少，為了省材料，東西設計的挺好看，但都細細薄薄的，不結實，型得很就是中看不中吃的意思。但是對英國產品外公從來都是說好，連大舅都誇英國貨好。

## 三共論

有人說鄭孝胥的三共論是三個預言，我不這樣看。鄭孝胥是在上個世紀二〇年代提出三共論的，第一論：大清亡於共和。這絕不是預言，大清一九一一年就已經亡於共和了，一九二〇年代再說，那不是馬後炮嗎？第二論：共和亡於共產。我以前也很驚訝，中華人民共和國誕生於一九四九年，鄭孝胥怎麼會在一九二〇年代就說出來，難道他真的能掐會算？

一九七五年有人給我做媒，媒人說這男青年外祖父有個叔伯哥哥叫楊度。我母親不知楊度是誰，嗯嗯啊啊無話可答。我結婚後，外子聊天時說他二外公叫楊度，也叫楊皙子。母親立刻說：「啊，楊皙子啊！認識的，認識的。我小時候他常到我們海藏樓來。」母親家是非常封建的，男客來只有舅舅們出見，除非是極熟悉的男客，女孩子是不能去見的。母親認識楊皙子，說他常到家裡來，可見他和鄭孝胥是很親密的朋友。這也不奇怪，他們同朝為官，都是保皇派，後來都主張君主立憲，本來就是朋友。不同的是楊度主張只要有皇帝就行，哪怕是袁世凱。鄭孝胥卻堅持皇帝非姓愛新覺羅不可，結果跟溥儀去了東北。二〇年代，正是楊度從保皇黨轉變成共產黨的階段，他經常去鄭家，不可避免的會把他對共產的認識告訴鄭孝胥，對鄭會產生一定影響。我母親還說她有個舅舅是激進黨，經常到她家來，一來就和人辯論，當時是把共產黨叫激進黨的。母親叫他煜舅舅，是不是這個字我不知道，但就是這個音。既然是母親的舅舅，那就一定姓陳。這個舅舅去世很早，留下妻子帶三個遺孤生活不易，鄭家也對他們有過資助。他們也和鄭家一直有來往，直到一九六〇年代，陳家表姨還到我家來過。鄭孝胥曾說過「吾與民國乃敵國也」，敵人的敵人就是朋友，所以他願把自己的海藏樓借給兩位共產黨人做舞臺，發聲，辯論。雖然他自己沒成為共產黨人，但多少對共產有一點兒瞭解，這是為什麼他會得出共和亡於共產的結論。第三論：共產亡於共管。這是他的夢想，雖然他一直努力往這個方向走，但這是不可能的，他自己也摔得頭破血流。他想要共管，結果長子被毒死，自己等於被軟禁，不知他後來後悔不後悔。

## 北京猿人頭蓋骨化石

在鄭統萬和幾位舅舅、姨被「留學」日本後，日方就把外公（鄭禹）調出中國到泰國去做公使了。跟他同去的有外婆和三個女兒：我母親、七姨和十姨。母親說走之前外公把《鄭孝胥日記》存放在一個銀行地下室的保險櫃裡，那裡火燒不到，水淹不到，只有他和銀行各有一把鑰匙。但這兩把鑰匙不一樣，必須兩人同時到場各用各的鑰匙才能開保險櫃，所以他不在場也沒人能看得見保險櫃裡的東西。但他沒有把全部日記放進保險櫃裡，有三本日記他一直隨身帶著，萬一發生什麼事，他可以立刻把這三本日記燒毀。這件事我記得很清楚，最早是父親問過母親《鄭孝胥日記》哪兒去了，母親詳細告訴他。後來母親又說過幾次，當聽說阿波丸被打撈上來後，十姨又和母親說起這件事，我在場，又聽了一遍。可能是一九四四年底或一九四五年初，外公一家回國。當時日方是讓他們乘軍用飛機回東北，但只能帶隨身行李，大部分行李都交給日本一個叫阿波丸的船海運回來。但阿波丸被美軍擊沉，行李沒回來，母親認為那三本鄭孝胥日記也隨船沉入海底了。我從網上看到：

一九七七年至一九八〇年，在「阿波丸」初步打撈中，竟然發現了偽「滿洲國」政要鄭禹的家藏小官印（玉印）及鄭孝胥安葬時分贈後人的圓硯，硯上有「鄭公孝胥安葬紀念」字樣，而歷史記載「阿波丸」乘員全部是日本人。李樹喜認為，這說明，日本人搜羅攜帶了中國北方的文物寶器上了「阿波丸」，作為世界最重要的文化遺存「北京人」頭蓋骨化石很可能就在其中。[1]

這個鄭禹的家藏小官印（玉印）及鄭孝胥安葬時分贈後人的圓硯，硯上有「鄭公孝胥安葬紀念」字樣只能證明鄭家的行李在阿波丸上，可是與「北京人」頭蓋骨化石沒有半點兒關係。據說化石在阿波丸上是美國總統尼克森告訴毛主席的，我想尼克森絕對沒有理由撒這麼一個謊來騙毛主席，但是撈出阿波丸後卻沒見任何化石。那會不會是日本人騙尼克森呢？我倒有個問題：鄭家的行李是一大批，因為除鄭家自己外還有好幾個隨行人員的行李，估計得有幾十箱。這些行李是從曼谷出發上了阿波丸的，所以阿波丸在中途停留過，但不知停過幾次。我肯定它在曼谷附近停留過，但在其他什麼地方停過我就不知道了。鄭家行李是一大批，頭蓋骨化石只是兩個盒子，如果真上過阿波丸，會不會半路上下來藏在東南亞什麼地方了？這只是我亂猜，但如果到處都找不到的話，可以考慮查一下阿波丸在哪兒停留過，到那裡去找找。至於日記，剛出版時我在網上看了一下目錄（因為我在美國沒見過這部書），是少三年，但現在又全了，我不知道那三本是在那兒找到的。

1 參見：〈世界四大沉船寶藏：阿波丸號沉船事件　黃金不翼而飛？〉，原文網址：http://www.517room.com/weijiezhimi/25255.html

# 十五、吳晗伯伯

吳晗伯伯和父親在清華是前後同學，當時可能並沒太多接觸。父親從法國留學回來後，兩人同在歷史系教書，從此成為好朋友，生死之交。

父親去法國留學，是當時清華歷史系主任蔣廷黻先生為培養年輕教員的計畫中的一部分，他去法國學蒙古史。吳伯伯在國內研究明史，兩個人都是很刻苦，很出成就的。父親回國以後兩人一起工作，又有共同興趣——打橋牌，雖然父親沉默寡言，吳伯伯開朗健談，兩個人還是成了最好的朋友。

母親和吳伯母也是好朋友。一九四九年前物價飛漲，教育部欠薪，拿教員的工資去做生意，三天後賺了錢再按原薪發給教員。當時差幾個小時物價就漲了，差三天工資等於少了一半還多。教員拿到工資立刻飛奔回家，交給家裡趕著去搶購糧煤和生活用品。吳伯母身體不好，母親有一輛自行車，她常找吳伯母一起去搶購。用自行車馱回來，可以幫吳伯母馱些她拿不動的東西。母親說一九四八年，有一次她去找吳伯母一起買東西，很驚訝地看見一向穿旗袍的吳伯母換了短衫長褲，桌上還有一個大籃子，上面蓋了一條毛巾。吳伯母說她有事不能去買東西，母親就匆匆走了。當天下午，清華園裡流傳出消息：吳晗夫婦跑了，去投奔共產黨了。母親恍然大悟，原來上午吳伯母是在等人來帶她去西山。換衣服是為化妝，那大籃子裡是她路上要用的東西。

父母再見到吳伯伯和吳伯母是一九四九年後了，他們回到清華，吳伯伯做了歷史系主任。可是沒過多久，吳伯伯就被調去做北京市副市長，家也搬到城裡去了。自從吳伯伯作了副市長後，父親就不許母親去吳家，只有吳伯伯來看我們，母親和我從沒去過他們家。有時吳伯伯帶他的女兒小彥來找我玩兒，還說吳伯母身體不好不能來，她挺想母親的，請父親，母親帶我去他家。可是父親總是推託，他對我們說吳伯伯忙，不要去打攪他。不過我知道，父親是一個很清高的人，他要避嫌。越是人人都知道他是吳晗密友（這是「文革」中他的罪名），他越是要與吳伯伯保持一定距離。所以他禁止家屬來往，不給吳伯伯添一點兒麻煩。他知道母親為人，絕不會托吳伯母做什麼。但人言可畏，他的家屬出入吳家，也許會給別人造出不利於吳伯伯的印象。他自己去找吳伯伯也僅為公事，尤其是他做北京史學會副會長的時候，常和吳伯伯商量史學會的工作，但從不因私去找他。倒是吳伯伯來看我們，請我們去頤和園玩兒。

大約一九五九年底或一九六〇年初，父親生病了，吳伯伯來看他。父親躺在床上，吳伯伯搬了張椅子坐在他床前。兩個人關著門說話。我和母親在廚房，突然聽見他們大吵起來，聲音越來越高。父親說：「你要是工作不忙不如把《明史》再拿起來研究研究，寫一篇學術論文或一本書。劇本讓萬家寶去寫，你寫什麼劇本？你又不懂京劇。」

我很吃驚，父親怎麼會和吳伯伯吵架，母親說：「這樣吵會鬧得四鄰不安。他今天是怎麼了，還病著，怎麼能弄出這麼大聲音來？沒病時也沒見過他這麼大聲。」想去勸，又不知原因，無從勸起。只好拎了壺開水進去續茶，見父親坐起來氣喘吁吁還要說什麼。倒是吳伯伯小聲解釋著，漸漸平靜下來，仍然有說有笑。臨走時吳伯伯還囑咐父親安心養病，又請母親去他家玩兒。後來母親問為什麼吵，父親說：「沒關係，工作的事，你不用管了。」

過了大約有一年，吳伯伯送來三張票，請我們全家看《海瑞罷官》。我才知道父親和他吵架是因為反對他寫這齣戲，說他不做學問寫劇本是浪費時間。看完戲父親很不滿意，說寫得不好，一點兒也不像京劇。母親問為什麼吳伯伯要寫這齣戲，父親很不高興地說：「誰知道。」

姚文元的〈評《海瑞罷官》〉一發表，父親立刻覺得不好，馬上進城去看吳伯伯，回來後愁眉苦臉。母親問怎麼樣？父親搖頭，說他勸吳伯伯寫篇檢討爭取過關。吳伯伯不肯寫，還叫父親不要再去看他，看樣子問題很嚴重。又說吳伯伯家門外有門衛，進去要登記。

母親問：「是不是從登記表上能查出你去過吳家？」

父親說：「是。」

母親問：「如果吳先生出了問題會不會牽連你？」

父親說：「會。」

母親沒再說話。過了幾天父親不放心，又要去看吳伯伯。母親如常幫他換上出門穿的衣服，送到門口說：「替我問吳太太好。」

父親第三次去看吳伯伯，母親還是這句話。可是吳伯伯知道去看他的危險，不許父親再去了。父親對朋友只會雪中送炭，不懂錦上添花。自從吳伯伯做了北京市副市長後，只有這三次，父親是因私去找吳伯伯。如父親所料，「文革」中他的第一條罪名就是：吳晗密友。他自己不知道，他每去看一次吳伯伯就被通報一次。紅衛兵審他，認為他和吳伯伯有什麼陰謀，他怎麼也交代不清。讓他揭發吳伯伯，我替他抄底稿，他只說些人人都知道的事，沒有新材料。能自己擔起來的罪名都擔起來，沒留下一句可以加重吳伯伯罪名的口實。帽子扣得老大，就是沒有事實，連我都看出是典型的大帽子底下打溜號。我以前以為義氣就是《水滸傳》裡說得那樣，父親用行動教給我什麼是交友以義。

吳伯伯被關起來以後，父親一直惦記他，凡是小報上有關吳伯伯的消息他都細讀。有一次我撿到一張撕破了的小報，上面有幾句提到吳伯伯的消息，說他被關在監獄，和廖沫沙一起，父親翻來覆去研究了好幾天。當我們聽說吳伯伯去世的消息，父親落淚了，他沉默了很久，說：「不知他的兩個小孩怎麼樣了，現在在哪兒。」又告訴我，有機會一定要打聽他們的下落。

我只看見父親落過兩次淚，一次是為吳伯伯，一次是為向達伯伯。

# 十六、大國脊梁

一九五二年院系調整後，我家從清華搬到北大。第一個春節我父親帶我和我母親去給他的一些親友拜年，說是「認認鄰居」。我們去了葉企孫伯伯家，他個子不太高，穿戴的乾乾淨淨整整齊齊。我遵父命叫了他一聲：「葉伯伯」，他彎下腰微笑著答應，兩眼眯成一條縫，跟我這個小孩打招呼，說話。我當時剛學會一個詞——笑眯眯，我想葉伯伯的樣子就是笑眯眯的。我感覺他非常和氣，對我這樣一個四歲的小孩也沒有架子，所以我不怕他，願意和他說話。

離開葉伯伯家，母親對父親叨嘮：「葉先生單身一個人，還能把自己收拾的整整齊齊，頭髮一絲不亂，很紳士派的。你就馬馬虎虎，有時出門去衣服扣子都沒扣對……」父親立刻拿出對付母親嘮叨的慣用手法——打岔，一手牽起我的手，一手指著前面說：「走了，走了。前面不遠就是金克木先生家，我們去看看他。」母親只好停止嘮叨，跟著走。我又學會一個詞——紳士派，葉伯伯那樣穿戴整整齊齊，頭髮一絲不亂就叫紳士派。

以後只是偶然在校園裡遇見他，我上中學後每天早上都要騎車穿過北大去一〇一中上學。有一天我正飛忙亂趕地騎著車，半路上遇見他，我叫了一聲「葉伯伯」，他一邊很紳士地退到路邊給我讓路，一邊笑眯眯地說：「當心，不要騎太快。」我連車都來不及下，大聲說了一句：「我要遲到啦。」就一溜風地騎過去。

漸漸地，我聽長輩說起葉伯伯發現和培養了很多中國的科學家，父親的很多朋友都是他的學生。

一九六八年，有一天父親回來時對母親說：「葉企孫先生被捕了，說他是特務。」母親吃驚地問：「怎麼會呀？那麼老實的一個人不會是特務吧。」父親想想說：「當特務恐怕要機靈點兒，像他這種做事老老實實，書生氣十足的人怎麼做得了特務？」兩個人怎麼也不相信葉伯伯能當特務。

大約一九七〇年前後，聽說葉伯伯放出來了，住在他侄子葉銘漢先生家。葉銘漢夫人的父母是我姨和姨夫的好朋友，她告訴我姨葉伯伯身體很糟糕，洗澡是葉銘漢先生陪他去澡堂，幫他洗。有一次她給葉伯伯打了一盆熱水請他洗腳。他洗了一隻腳就再也不肯洗另一隻，躺到床上去了。他們從沒想到還會有人只洗一隻腳，懷疑葉伯伯神經出了問題。現在想想，他那時可能已虛弱到洗了一隻腳就沒有力氣再洗另一隻了。可是像他那麼紳士派的人又不肯麻煩別人替他洗，結果引得侄輩懷疑到他神經不正常。

後來有一天我從中關村三三二路車站往海淀走，看見一個奇怪的人迎面走過來。這個人的腰彎成九十度，低著頭，頭髮長長地披散在臉上，衣服皺巴巴地套在身上，大框框地垂下來。兩隻手幾乎沾到地面，只有兩條腿慢慢向前移動，像一張移動的小茶几。走到面前，他微微抬起頭來，我大吃一驚，原來是葉伯伯。我叫了一聲：「葉伯伯。」他停下來細細地看看我，臉上帶著我小時候看見的那種和藹的微笑。他已經認不出我來了，似乎很紳士派地對我微微點了一下頭。然後又像一張移動的小茶几一樣，慢慢向科學院宿舍走去。我覺得在那舊哄哄、皺巴巴的移動的小茶几後面，跟著一串閃亮的名字，他們是：理論物理學家王竹溪、彭桓武、張宗燧、胡寧，核子物理學家王淦昌、施士元、錢三強、何澤慧，力學家林家翹、錢偉長，光學家王大珩、周同慶、龔祖同，晶體學家陸學善，固體物理學家葛庭燧，地球物理學家趙九章、翁文波、傅承義，以及秦馨菱、李正武、陳芳允、于光遠等。西南聯大物理系畢業生中，後來成為著名科學家的有：黃昆、戴傳曾、李蔭遠、肖健、徐敘瑢、朱光亞、鄧稼先、楊振寧、李政道等。一九四九年後畢業於清華物理系、後來成為著名物理學家的有周光召、何祚庥、唐孝威、黃祖洽、胡仁宇、蒲富恪等。[1]

以上都是他的學生，有些是他親自教過的學生，有些是他發現是可造之材，不論是否與

1 以上名單參考百度補齊。

他同行，但也著力提攜，給他們創造深造的條件。如果沒有葉伯伯，他們中的一些人可能就沒有機會上大學，沒有機會出國留學，也不可能成為科學家，為中國和世界做出貢獻。中華人民共和國建國後，二十三位「兩彈一星」功勳獎章獲得者中有半數以上曾是他的學生。[2]如果葉伯伯活著，還能正常工作，他一定能為中國發掘出更多的人才，那中國的科學成果就不止這一些火箭、導彈、衛星和核武器了。

我不知道是什麼人，在什麼情況下，用什麼方法把他的腰弄成這樣的。但是，當中國的火箭騰空而起，直沖霄漢時，當中國的衛星翱翔長空，環游宇宙時，請不要忘記那移動的小茶几，因為他是真正的大國脊樑。

[2] 引自百度。

# 十七、邵向兩家的情誼

我父親和向達伯伯從在西南聯大共事時就建立了深厚的友誼，父親對向伯伯的人品學問一向非常欽佩，但我母親和向伯母卻沒見過面。五二年院系調整，我們都搬到燕南園，父親帶我們去拜訪鄰居，母親和我才第一次見到向伯伯和向伯母。

父親介紹我母親姓鄭，向伯伯大笑，指著向伯母對我母親說：「你也姓鄭，她也姓鄭。你們兩個五百年前是一家。」

向伯母說：「太好了！我正愁在北京沒有親戚，無處走動。這下有個本家了，我們認了姐妹吧！」

雖然沒有換帖，沒有拜，但以後她們兩人確實很親密，情同姐妹。

五〇年代初學蘇聯，有一天向伯母來說樂黛雲老師有一件布拉基她很喜歡，問母親能不能給她照著做一件。母親答應了。向伯母就買了一塊天藍色的府綢，借了樂黛雲老師的布拉基做樣子。母親給她量了尺寸，做了一件一樣的。向伯母試穿很合身，非常高興，說：「我也可以時髦一下了。」

過了兩天氣呼呼地來說：「你看那件布拉基我穿得多合適，覺明不許我穿。」

母親問為什麼，向伯母也不知道，反正向伯伯就是不許她穿。

我們搬到中關村三公寓後，兩家還是經常來往。父親到系裡去，常順便就彎到向家。向伯伯有時來我們家，我們也一起到政協禮堂去過。向伯母也來過，但從燕南園走來再走回去對她來說不是很輕鬆的事。

父親很少自己領工資，常常是中午回來對母親說：「系裡發工資呢，你下午去領一下。」

有一次母親忍不住問：「你看見發工資為什麼不帶回來，叫我下午再跑一趟？」

父親說：「年輕教師在排隊，我去了，他們客氣讓我先領。他們有家務事，要買饅頭，接小孩，我先領耽誤他們時間。你也不等我工資買米，我們晚一點領沒什麼關係。」以後母親每月去領工資，順路去看向伯母。

有一次向伯母興沖沖地來了，從貼身衣服裡掏出一張一寸的標準像，說：「二兒子在陝北當兵，找到一個女朋友了，這是照片。」我也趕快湊上去看，可能那個照相館不太好，照片又小，看不清。可是向伯母還是高興極了，小心地把相片收起來。後來結婚了，懷孕了，向伯母都要細細地告訴母親，與母親一同分享她的快樂。兒媳婦是來北京生孩子的，滿月時我們去道喜，看見她的兒媳婦，瘦瘦高高的，有點靦腆，光笑不說話。孫子是向伯母自己帶大的，向伯伯親自教他識字讀書，兩個人都極喜歡這個孩子。小孩四、五歲時，向伯母帶他來我們家，對母親說：「你看他像不像覺明？這個臉就像覺明。」我才知道原來向伯伯摘了眼鏡是什麼樣。

因為兩家一直親密來往，我不知道向伯伯一九五七年還劃過右派。六〇年代初，我已上中學了，有一天向伯伯來和父親在客廳談話。我在睡房讀一篇文章給母親聽，其中一句提到右派，母親非常突然地制止我念下去，並小聲叮囑我以後不許在向伯伯面前提「右派」和「反右」這些事，怕向伯伯聽見傷心。我才知道向伯伯在五七年曾發生過這樣的問題。由於父母對向伯伯的尊重，所以在我心目中，向伯伯一直是一位可親可敬的長輩。

文革初期，父親和向伯伯都被送到太平莊勞動，父親因熬農藥過敏被送回家，以後每天都要到系裡參加「二類勞動」。

有一天下午大約五點左右，父親從系裡回來，很悲傷地對母親說：「向先生去世了，你不要做飯了，趕緊去看看向太太。」母親立刻和我騎車去向家。向伯伯家已分出一半給另一位教員住，屋裡地上堆滿了書，茶几和椅子四腳朝天放在櫃頂上，光線很暗。聽見我們進來，向伯母從房裡撲到母親身上，兩手抓住母親雙肩放聲大哭。母親扶她坐下，她一邊哭一邊告訴我們向伯伯最後的情況。

向伯伯回來時已走不動了，勉強拖著腿挪回家。向伯母幫他洗澡換衣服，看見他已腫到腰了。向伯母送他去校醫院，以前看病的大夫都被批判了，幾個造反派醫生一見是向達就罵：右派分子，民族分裂，反動權威。不給好好看病，胡亂開點兒藥就打發回家。向伯母想要向伯伯住院，他們不准，還罵人。

回家後向伯伯躺在床上對向伯母說：「我恐怕是過不了這一關了。」

向伯母哭問：「你要是死了，我怎麼辦？」

向伯伯指著地上的書說：「我一生的積蓄都在書上，我死後你就賣書度日吧。萬一你實在過不下去了，就去找燕生，以後就跟燕生過吧。」燕生是他們的長子，在天津工作。這話說了大約兩天，向伯伯就去世了。

母親除了極力安慰她，勸她保重身體外，也沒有能力為她做其他的事。向伯母看上去除了悲傷外也極孤獨，她的親戚都在湘西老家，兒子們不在身邊，孫子也被送回他父母那兒了。發生了這樣的事，好像除了我們沒有人去看過她。向伯伯的朋友大都在太平莊勞動，不知他們是什麼時候才聽說這件事的。回來後說給父親聽，他落淚了。

不到一個月後，向伯母來我家，告訴母親因為錢的事（我記不清是向伯伯的撫恤金還是抄家拿走的現款和存摺）和系裡的會計李乃媛大吵一架。李乃媛說什麼，她說什麼，一句句學給母親聽。我現在記不得是怎麼說的了，只記得向伯母記性很好，雖然生氣，但說得清清楚楚。

過了幾天，向伯母又來我家。說李乃媛帶了些紅衛兵到她家鬥爭她，把她拉到家門口批鬥，圍著她家喊口號。我父母真是替她捏了一把汗。

後來向伯母被趕出自己的家，給了她四公寓的一間房，讓她搬去和別人合住一單元，向伯伯的書被堆放在原住處大門口的一間小屋裡。我們都覺得這與她和李乃媛吵架有關，是對她的報復。向伯母常去看那些書，房子漏雨，她怕把書淋壞了，用塑膠布去蓋書。四公寓離我們家比較近，母親常去看向伯母。向伯母去海淀時，回家路上就會來我們家歇歇腳，趕上了就在我們家吃頓中午飯。當時真是沒得招待，記得有一次最好的一道菜就是一碗筍豆。

一九六七年六月，因周總理點名（另一說是毛主席點名），父親去中華書局標點《二十四史》。他向中華書局提出向伯伯有一部洪武版《元史》，要中華書局借來做標點《元史》的樣本。燕生大哥回來取書，小屋裡書堆得很亂，他找到一部《元史》就交給中華書局了。父親拿到書一看不是洪武版，中華書局又去找向伯母。向伯母非常生氣地來找父親，說給的就是洪武版，怎麼會不是？後來還是燕生大哥回來解釋，是他拿錯了，他不知道是兩部《元史》。

同年秋，有一天向伯母又氣又急的來說書丟了。當時她兩手直抖，欲哭無淚的樣子，幾乎語無倫次。母親安慰她，半天才弄明白，小屋的門被撬開，書全被偷走，一本也不剩。父親大驚，因為向伯伯的書極為珍貴，其中不乏善本。父親怕是紅衛兵破四舊，把書都燒了。他向系裡彙報過此事，但泥牛入海，沒有任何回音。後來從小道消息中得知，是中央文革派卡車來拉走的。我們都很奇怪，中央文革是怎麼知道向伯伯的書在那個小屋裡？一來就說什麼中央首長百忙之中……，百忙之中放著運動不搞，要這些封資修的書幹什麼？

自從一九六六年九月抄家後，父親就被扣了工資，每月只發一人十二・五元生活費。父親去標點《二十四史》後，又改發每月一百五十元不知是工資還是生活費。母親過日子一向是計畫經濟，無論發得再少她也不敢全用完，總要留下一點以備萬一。

春節前父親問母親：「你手邊有沒有存一點錢？」

母親說：「有近一百元。」

父親說：「向太太沒有生活費，就靠燕生每月給她十五元，生活很艱難，書又丟了。你拿五十元去，送給她過年。」

母親立刻從一隻舊棉鞋裡拿出五十元，去看向伯母。

下午母親回來說向伯母眼睛不太好，看東西不清楚。同住的人又欺負她，她常受氣。

農曆一月底或二月初，向伯母來看母親，戴了一副茶綠色的墨鏡。母親問：「你眼睛怎麼了？為什麼冬天戴墨鏡？」

向伯母說：「差點瞎了。你送我五十元，東語系一位教授送我三十元。春節前兩天我突然看不見了，就拿了這八十元一路摸到北醫三院。醫生一看就讓我馬上住院，說再晚一點就瞎了。我眼睛裡起了泡，醫生就把泡扯了。扯了又長，一共扯了三次才好的。八十元都花了，總算保住了眼睛。燕生給我這副眼鏡，說是出門戴上可以遮住陽光。果然是戴上好得多。」

事後父母感歎，本來是想送點錢給她過年，沒想到是送給了北醫三院。明知道是因為丟了書，又氣又急，所以差點瞎了眼睛。

不記得是什麼時候，燕生大哥調回北京，想辦法和別人對換房子，把向伯母搬到他家隔壁門的樓上住。母親去看向伯母，她還是跟別人合住一單元。因為她眼睛不好，燕生大哥怕她從樓梯上摔下來，不讓她自己出去。每天燕生大嫂做好飯，燕生大哥送來給她吃，順便看看她，幫她做些事。母親說可惜太遠，車又擠，不能常去看她。她很悶，身體也不好。我不記得母親去看過她幾次，但不久向伯母就去世了。

一九七〇年後，父親第二次去標點《二十四史》。有一天從中華書局回來，對母親說向伯伯的書是康生拿去了。

母親說：「既然是康生拿去了，他也該算點錢給向太太呀。他也沒被扣工資。」

父親哼了一聲說：「分文不予。」

那是向伯伯留給他老伴維生的唯一財產，康生巧取豪奪，害得向伯母貧病交加，晚景淒涼。從此父親對康生恨之入骨。雖然當時康生如日中天，炙手可熱，但是父親鄙其為人——一個位高權重，道貌岸然的偷兒。

# 十八、我的婚事

一九七二年父親在小湯山住院，一天晚上我們鄰居黃紹湘教授[1]的女兒來做媒，給我介紹男朋友。她說男方姓趙，他的父親趙紀彬[2]「是高級黨校的教授，運動中沒出問題，因為是康老保了的。」

母親立刻說：「這怕不行。人家是革命幹部，我們是資產階級反動學術權威，門不當戶不對，不合適。」

媒人愣了一下，說：「可是他說認識邵瑜的爸爸，他也是搞歷史的。」

母親聽說是認識的，就不敢拒絕了，說：「那要問過邵瑜的爸爸再說。」

第二天一早，母親和我去小湯山療養院。父親躺在病床上，母親坐在床邊，我站在床尾。母親開始「彙報」，她說那趙紀彬教授「說是認識你的，也是搞歷史的。」父親靜靜

1 黃紹湘（一九一五—二〇一五），中國美國史研究奠基人之一。

2 趙紀彬（一九〇五—一九八二），學者、教育家、哲學家、歷史學家、革命家。

地聽著一聲不吭。母親說：「他運動中沒出問題，因為是康生保了的……」父親斷喝一聲：「去把這件事回了，我不認識他。」說罷翻身臉朝牆躺著。

我和母親都愣住了，無論母親說什麼家長里短，父親從沒打斷過，再囉嗦的事他也是高高興興地聽著。這恐怕是母親一輩子唯一一次被父親打斷說話，從沒見過父親這樣發脾氣，我和母親都說不出話來。過了一會兒父親說：「也許一起開過會，一、兩千人一起開會，我怎麼會記得他是誰。」

母親趕緊說：「我回去就把這事退了。」

從小湯山回來，沒進家門，母親先去回那親事。當時只有黃教授的丈夫畢中傑先生在家，母親很為難，不好說是因為康生，只好推說我年紀還小，不打算談婚事。

父親去世後，我和母親搬到蔚秀園十六公寓，兩年後，有一天畢先生來我家，又提那婚事。母親沒法辦，只好把一頂「資產階級反動學術權威」的帽子死死扣在父親頭上，說門不當戶不對，不行。

畢先生說：「那也不能這樣說，邵瑜的父親不能算反動學術權威。」

母親說：「當初是這樣批判他的，到現在沒有平反，也沒有組織結論，怎麼能說不是？」畢先生也沒話說了。

我們都以為這總行了吧，誰知過了些時候，張寄謙姑姑來說，那位趙教授找到鄧廣銘伯伯，要鄧伯伯來說媒。鄧伯伯讓張姑姑來「問問你邵師母的意思」。

母親說：「不行！」

師母說不行，張姑姑就沒說別的，跟母親聊了一陣天就去覆命了。鄧伯伯是父親的朋友，對很多事情的看法和父親一致。想必他和張姑姑對這門親事都不看好，不過既然人家找到他頭上，也只好問一聲吧，我和母親都沒見過這麼應付了事的媒人。

母親說：「奇怪了，他們怎麼會找到你鄧伯伯頭上？」

我說：「鄧伯伯是山東人，趙教授也是山東人，可能以前認識。」

母親點頭說：「看他還能怎麼樣。」

又過了大約一兩個月，我高中的鄭之萬老師突然來找我，還是說這件事。這下我就麻煩了。張姑姑是學生，師母說不行就不行，不用多解釋。這回倒過來了，我是學生了，老師來問，我不能就說不行。老師來得又突然，我一點兒精神準備都沒有，簡直急得不知道怎麼辦好，搜腸刮肚的找出理由來搪塞。好在鄭老師也不太熱衷此事，她只不過是在開封師院上學時和趙夫人在同一宿舍住過。當時趙夫人去進修，時間不長，進修結束就走了。看樣子以後兩個人沒太多來往，鄭老師不一定見過趙教授父子。因為她只能對我說說趙夫人，至於她的兒子，老師就是背了一遍他的履歷表。鄭老師走後我和母親都奇怪，他們怎麼會知道誰是我的老師？大概是把我家祖宗三代，社會關係都查遍了吧。

老師問了不行，畢先生又來，說我沒見過趙教授的兒子，堅持要帶他來見見面。最後母親同意見一面，其實我們早就明白，見與不見的結果是一樣的。從父親說出「去把這件事回了」的時候起就是絕對不行的。見了面還是不行，畢先生又來問為什麼不行，我說我不願意。為什麼不願意，是什麼原因？我說：「我不喜歡他。」「為什麼不喜歡？」「我不喜歡他的樣子。」這就沒法辦了，樣子是天生的，也是無法改變的。其實我根本沒看清楚他長什麼樣，也不瞭解他的人品。

畢先生走後，母親說氣話：「人家是有權有勢，有人撐腰。我們是孤兒寡母，這種時候也不想拖累你叔叔們。實在不行了，我們兩個人就一起自殺吧，找你爸爸去。」

當時很多親友來給我提親，男方大多是北大、科學院和其他高校子弟或年輕教員，科研人員。這些人的父輩大都是「反動權威」，文革中已被批判。我們知道趙家背後有康生，怕答應了這些青年會給他們家帶來報復，可又不敢對媒人明說，只好很無理地拒絕了親友的好意。至今我不明白趙家看上我什麼了？我自覺不過是芸芸眾生中一個最平凡的女子，既無權財又無姿色。在那瘋狂的年代，我還是一個最不積極參加文化革命的人。文革中沒參加任何派別、組織，同學都去串聯了，我哪兒也沒去，在家看《古文觀止》。我自己都覺得我是牽著不走，打著倒退的落後分子。趙教授是著名的批林批孔權威，有一段時間，全國人民都要學習他寫的〈關於孔子誅少正卯問題〉。我家和他家簡直是天淵之別，為什麼一而再，再而三地找上我了？當時比我能幹，漂亮，積極參加運動的革命女青年多得是，對他們這樣的家庭來說，哪個都比我合適。我從來不認識他們，既沒見過趙教授夫妻，也沒見過他們的兒子，為什麼他家要找我這樣的人和家庭？至今還是百思不得其解，難道真是女大不中留？要是我一滿十八歲父母就找個人家把我嫁出去，那就不會有這種麻煩事了。

打倒四人幫以後，有一天張寄謙姑姑來看我母親。母親對她說：「現在我可以告訴你真正原因了。趙家的婚事，是因為心恆不喜歡康生，所以我們不同意。」

張姑姑驚呼：「啊！邵先生那麼早就看出康生不好來啦？」

母親笑說：「心恆也不會算命，他不知道康生會被打倒。他就是不喜歡康生的為人，討厭他。」

其實按趙教授的學術造詣，即使觀點不同，也是可以和父親平起平坐地磋商的。如果當初媒人不炫耀是康生保了的，按父親的行事習慣一定是說「先看看本人再說」。可是和康生有牽連的人和事，我們邵家是絕不沾邊兒的。

# 十九、父親和他的學生

父親教過很多學生，有本科的，有研究生和進修生；有中國的，有外國的。有些上過他大課的學生認識他，可是他不認識那些學生。北大的大課一個大教室能坐一、二百人，哪個老師也記不住這麼多人。但是他的研究生，進修生，他不但記得很清楚，而且畢業後的情況他也時刻關心。

有一次他對母親說：「我今年招一個研究生，聽說有兩千人報考。」他自己好像也不太相信。過了些時候，他告訴母親招到一個研究生了，年輕人，二十一歲。九月初新生來見老師，父親臥病在床，學生搬把椅子坐在床前。我還是個中學生，好奇，躲在房門外偷看。那學生背朝我，看不見臉。我心裡說「噢，二十一歲」，後來聽父親說那「二十一歲」叫趙春晨。

據說父親的考題很難，大海撈針一樣，開卷也不知道上哪兒找答案。其實他不是真要看答案，他是要看學生知識面的廣度、外語程度和悟性。對他來說悟性是非常重要的，我聽見過他和母親說：「今天某某來問我問題，我就點了他一下。」他教書不是掰開了揉碎了，一點點餵的那種。他教我也是一樣，給我一本書，關鍵的地方講一講，告訴我怎麼看書。然後我得自己看，自己思考，自己理解，自己做結論。不明白的地方他點一點，點撥，指點，只點那個關鍵。我想他教學生可能也是這樣，所以悟性很重要。不然怎麼點也點不透，那就沒法教了。他教書不是只教那點兒知識，更重要的是要教學習和研究方法。即使學生畢業後改行了，他所學會的方法也能用在做其他工作上。如果通不過他的考試，哪怕是老朋友的兒子也不收，他那裡是沒有後門的。他的助教不用考試，但他也是用同一標準選拔。所以他看中的人不給他做助教，他也很生氣。

另外他對學生的人品要求也很高，要老老實實，踏踏實實做學問，耍小聰明的不要，不懂裝懂的不要，爭名奪利的不要，品德不好的不要。什麼是老師最高興的事：學生有出息，青出於藍而勝於藍。現在看看他的學生，個個都很有出息。我在網上看了看叔叔姑姑們的著述情況，他們的論文和專著目錄之長是我沒想到的，可見這些年確實是在踏踏實實做學問。我想父親在天之靈應該是很欣慰的。

我由於年幼，對於父親指導過的或者來往過的許多有成就的研究生，青年學者都不熟悉，甚至不知道。這裡僅就我記憶所及舉一些例子，談談父親對青年學生的愛護。父親是個感情不外露的人，但他內心是對所有有關的青年學者都寄予深切的期望和愛護的。我的這些回憶是片面的，零碎的，如果父親在世時看到，必然要責怪我：小孩子聽大人說話，一知半解，就亂發議論。

五〇年代父親曾計畫在北大設一個點，讓史學界年輕教員或科研人員輪流脫產進修，可惜只有近代歷史研究所的楊詩浩叔叔[1]來進修過一個短時期就停辦了。父親是一心想培養年輕學者，可是敵不過運動不斷，怎麼可能讓人有一個脫離單位專心做學問的機會呢。

我小時候住在燕南園，常常有學生來家裡上課，我記得有學蒙古史的周良宵叔叔，有時不止他一人。父親拿我的小黑板給他們上課，我心裡還有點兒捨不得。內蒙古大學成立時，把他的一批學生調到內蒙去了。先還留了一個周良宵叔叔做助教，誰知過了些時候連周叔叔也被調走了。父親一直把發展研究蒙古史的希望寄予內蒙古大學，說內蒙古大學有實力。但他自己卻長期沒有開蒙古史的課，有一次父親說「想開蒙古史的課，可是把我的蒙古史學生全調走了，剩我光杆兒一個，我怎麼開課。」他是很想念那幾個學生的。兩次從內蒙出差回來，都和母親講周良宵、周清澍[2]兩位叔叔，講他們有了哪些學術成果，講他們的家庭。父親一向沉默寡言，但說起學生來卻可滔滔不絕。

1 楊詩浩（一九二一—今），任職於中國社會科學院近代史研究所。

2 周清澍（一九三一—今），任內蒙古大學蒙古史研究所教授。

六〇年代初，張廣達叔叔[3]從世界史專業調來和父親一起搞蒙古史研究，父親非常高興，如獲至寶。他常對我們誇獎張叔叔聰明用功，有學外語的特殊天才，懂得多種語言，這是研究蒙古史的最有利條件，並說張叔叔的業務水準早該提升副教授了。他準備將自己對蒙古史的研究心得全部傳授給他，還想和他一起恢復自己停滯多年的蒙古史研究工作。

調到內蒙的還有戴學稷叔叔和他的夫人徐如阿姨[4]，他們夫妻兩個都是父親的學生。雖然戴叔叔和他一起工作的時間不是太長，但父親一直對他寄予厚望。他們的婚禮也是父親主持，我記得他講了話，可是我太小，只顧吃糖，不記得他說什麼。他們調到內蒙後，每次聽到他們的消息，父親都很高興。三年困難時，父親到內蒙開會，回來說戴叔叔請他到家裡去吃了一頓飯。當時內蒙的供應比北京還差，不知道徐阿姨從哪兒弄來幾個雞蛋炒了一盤。又對母親說以後如果他們有機會來北京，一定要弄幾個菜回請他們，可惜到他去世也沒有這個機會。文革中傳來消息，說戴叔叔出了問題，被批判了。父親在屋裡踱來踱去，嘴裡不斷地念叨「怎麼會呢？……唉，戴學稷……戴學稷……」

五〇年代初，夏自強叔叔[5]做過幾年父親的助教。夏叔叔人很聰明，又肯用功，是父

3 張廣達（一九三一―），曾任教於北京大學歷史系，現為臺灣中研院院士。
4 戴學稷（一九二八―），一九八四年任福建社科院歷史所所長。
5 夏自強（一九二九―），曾任教於北京大學歷史系，一九八二年至教育部就職。

親很得力的助手，很得意的學生。可是忽然要調他去做黨總支的工作，父親很不高興，他是準備傾囊相授一心想培養夏叔叔做學者的。有一天我看見父親坐在沙發上，一隻胳膊拄著扶手，手支著前額，閉著眼靠在椅背上。我不知道他怎麼了，母親說：「別去打擾你爸爸，他不高興。系裡要調夏自強叔叔去做別的事情，你爸爸覺得可惜了。」父親當然知道夏叔叔必須服從組織分配，但是他找到幾個可造之材也不容易，眼看著一個一個的都給他調走了，他沒法不生氣。

幸好還有陳慶華叔叔和張寄謙姑姑留在他身邊，兩個人都很得力，幫他支撐起近代史教研室的工作。

父親編過一些教材和教學大綱，陳叔叔都參與，幫助他一起做。父親忙，又要開新課，有些舊課就是陳叔叔接過去教。陳叔叔常來我們家，和母親及我都很熟。六〇年代初，陳叔叔得了糖尿病，父親很著急。有一天母親路過一塊玉米地，見農民正在收玉米。她聽說喝玉米鬚煮的水對糖尿病有好處，就趕緊問農民要了一大包玉米鬚讓我給陳叔叔送去。父親去世後，是陳叔叔去醫院給換的衣裳。事情來得突然，母親和我非常悲傷，一點兒主意都沒有了，很多事情都是陳叔叔幫助處理的。有一次一位父親在西南聯大的學生從雲南出差到北京，來看父親。她和陳慶華叔叔是同學，談起陳叔叔的情況，父親對陳叔叔非常稱讚，極得意地細數陳叔叔的成就。我們本來以為陳叔叔可以接父親的班，誰知他也英年早逝，沒來得及展現他的才華。

張姑姑是一個非常刻苦勤奮的人，同時也很樸實，低調，她在教學和科研兩方面都給了父親很大幫助，她工作細緻，很多細緻的事都是她去做。尤其是父親的手稿很難抄，塗塗改改，筆跡潦草。拿出去找人抄，往往沒人抄得了。母親說過只有兩個人能給父親抄稿，一個是她自己，另一個是張姑姑。文革中父親寫交代，要留一份底稿，大都是我給抄。他去世後要出論文集，有些也是我抄的，所以我大概可以算第三個能給他抄稿的人了。張姑姑待人誠懇，以前時有外國專家來交流，講學，常常是她參與接待。她的愛人去世得早，她一個人養育兩個孩子，還要做那麼多工作。現在想想，她真是很忙。父親曾不止一次說過：「女同志裡少有這樣的。」父親認為張姑姑當時的水準是足夠提升副教授了。父親的學生裡，母親跟她最熟，把她當自己的妹妹看待，對她說話很直，連她穿什麼衣裳都要管。恨不得自己動手剪她的頭髮，曾對張姑姑說：「你這頭髮哪兒剪的？下次頭髮長了到我這兒來，我給你剪。」父親去世後她常來看我們，幫母親不少忙。母親一輩子不管外事，都是聽父親的。當時我年紀輕，還沒正式工作，母親又沒主意。有一天她跟我說：「以後我們只好內事不決問你三叔，外事不決問張姑姑。」我想：「唉，真不愧是歷史學家的夫人啊，都到這地步了，還套出一句《三國》來。」父親的論文集也是張姑姑編輯出版的，當時出版學術著作不是很容易的事。張姑姑是個學者，找人辦事並非她所長，她是竭盡全力想方設法出了這本書。

文革前父親還招過兩個研究生，趙春晨[6]和蔡少卿[7]大哥。他一直希望能好好地教他們，讓他們畢業後可以獨當一面的工作。可是連續不斷的政治運動把他們寶貴的學習時間都耽誤了，父親非常惋惜，總希望運動能很快結束，他們還有彌補的機會，「文化革命」使這點兒希望也破滅了。

父親去世前我們聽說蔡少卿大哥被分配到江蘇省鹽城縣的一個工廠，做車間支部書記。父親很高興得知蔡大哥的下落，卻對他的研究生做黨支部書記很無奈。而趙春晨大哥去了哪兒，他一直到去世都不知道。我覺得他對這兩個學生一直都有歉疚的感覺，這是他自己從上千個報考者中挑出來的學生，他自己為他們制定了教學計畫，可是他無法完成。別的學生都是畢業了，分配工作了。只有這兩個，沒學完就趕上運動，什麼時候走的，上哪兒去了，他都不知道。我想如果他能活到「文革」以後，他一定會想辦法把他們找回來，讓他們完成學業。不過這兩個學生都很爭氣，「文革」以後通過各自的努力，都在自己的一行裡做出很大成就。蔡大哥靠自己的努力，已成為研究黑社會的權威，在國際上也有很高的知名度。

蔡少卿大哥以前做過父親的助教，常來我們家，和我們全家都熟悉。父親說他很用功，刻苦讀書，年紀輕輕的頭髮就白了，總勸他當心身體。「文革」中第一次抄家他也來了，搶

6 趙春晨，廣州大學人文學院教授。

7 蔡少卿（一九三三—二〇一九），曾任教於北京大學歷史系、南京大學歷史系。

著寫封條和歷史系紅衛兵的通令。抄家後我們禦寒的用品都被查封，錢和存摺都被抄走。父親病著，秋天又到了，隨時可能會冷起來，母親很發愁冬天怎麼過。在整理被抄亂的抽屜時，發現最裡邊塞著一卷寫好日期，蓋好印的封條。母親高興地說：「這是蔡少卿留給我們的。」一急忙把封了的房間，箱子都打開，取出過冬用的衣被，再用新封條封好。

那張通令也大有用處，貼在我們家門口，說父親是資產階級反動學術權威，任何人不許和他聯繫，如要找他，必須先得到歷史系紅衛兵的批准。以後凡有外邊的造反派要來抄家，我們一律不開門，讓他們先念哪通令，再找歷史系紅衛兵批准去，因此少了許多麻煩。我記得後來漿糊乾了，通令要掉下來，母親打了漿糊去重新黏好。正好樓上的朱德熙夫人上樓看見，很驚訝地問：「掉了不好嗎，你幹什麼還貼？」

母親說：「有這個，外面的紅衛兵來我們就不開門了。」

朱伯母很後悔地說：「哎呀，我家的都撕掉了。」

「文革」中，父親的學生幾乎沒有不受批判的，至少是白專。年紀稍長的都成了本單位批判目標，我沒聽說他的學生中有任何一個成了造反派，只有「老保」。我記得有一天父親回來說：「聽說田珏也成了老保，被造反派抓起來了，因為他爬到旗杆上去掛什麼東西。」母親說：「他還有幾個孩子呢，把他抓起來，孩子們怎麼辦？」

父親沉默不語，過一會兒又滿臉驚詫地自言自語：「啊？他還會爬旗杆？」言外之意好像是：我沒教過他爬旗杆哪，他是跟誰學的？

我記得我十來歲時北大演了一部電影《好兵帥克》，整個北大附小的孩子都為好兵帥克瘋狂。沒過幾天有人敲我們家門，我去開門，一位戴眼鏡的年輕人對我說：「我是郝斌[8]，來找邵先生。」我大吃一驚：啊！好兵到我們家來了？趕緊去通報。事後挨了一頓罵，父親說：「你怎麼這麼糊塗？這是我教研室新來的助教，他和你們郝校長一樣，都姓郝，斌是文武斌。你怎麼會和好兵帥克聯繫起來了？」因此我對這位叔叔的印象特別深。

父親帶學生不僅僅教書上的東西，他強調原始材料、一手材料。對日記、筆記、檔案等當事人和經歷過那些事件的人的記錄特別重視。只要有機會，他就要帶學生去參加一些學術會議，或參觀與業務有關的展覽和活動。我不知道郝叔叔當年的學術研究方向是什麼，但是他說過六〇年代初父親曾帶他去看天津商會檔案收藏情況，所以我想他的研究方向可能與中國商會有關係。

文革開始時父親住院，母親每天進城去看他，把學校裡發生的事告訴他。那時每天晚上北大的高音喇叭廣播不斷，大約是七月，有一晚吵得厲害，說是有「首長」來講話。我們在家就聽見吵，聽不清說什麼。第二天從學校回來先去看大字報，赫然看見江青說郝斌迫害李

8 郝斌（一九三四—），一九六六年被江青扣上「迫害李訥」的罪名而打入「牛棚」，直至一九七八年四人幫倒台後平反。後任北大歷史系總支書記、北大黨委副書記、常務副校長。

訥。我嚇一大跳，去看父親時告訴他。父親說：「胡說八道！郝斌跟我一個教研室工作好幾年了，我對他是很瞭解的。他是很會掌握政策的人，怎麼會去迫害李訥？準是你弄錯了，再去採來。」

第二天連我們人大附中都有長篇大字報報導「首長講話」，我還找到一張油印的傳單，拿去給父親看。他沉思了半天，搖搖頭，從此他對江青的講話就不大相信了。儘管那時她是中央文革副組長，還是什麼「旗手」，可是父親從來就不輕信權威，什麼事都要眼見為實。「文革」前，父母提起江青都稱她為藍蘋，母親生長在上海，可能對電影演員藍蘋有一些印象。父親和郝叔叔一起工作多年，很瞭解郝叔叔的為人，對他比對江青要信任得多。通過這次講話他覺得江青不老實，文過飾非，從此凡是江青說的他大都抱懷疑態度，要看看再說。我想父親也許有計畫先把郝斌叔叔按到天津去坐冷板凳，然後耳提面命叫他在近現代商會方向做學問。因為商會是一個延續的問題，無法分成近代和現代商會。而郝斌叔叔有現代史的基礎，父親可以在近代史方面對他指導。如果沒有文化革命，他現在應該是中國商會史的權威了。

張注洪叔叔做過父親的助教，父親教史料學時他幫助父親做了不少工作，父親寫文章也常是他幫助找資料。張叔叔老實本分，工作兢兢業業，後來史料學一直是他教。現在他已成為我國史料學的專家，把父親當初的一門課發展成一門學科。

母親問過父親，將來誰能接替他。父親說：「余繩武[9]，家學淵源，自己用功，已經很有成就了。」余叔叔的父親余冠英先生也是父親的老同事和朋友。

父親的學生裡我只見過一九四九年後在清華和北大的，他還有一些過去在西南聯大或清華的學生，我都沒見過，但我知道他們無論在國內或海外，都很有成就。

父親還教過一些外國學生，五〇年代有一批蘇聯留學生，常來家裡問問題。學習結束前有一次大考，父親在客廳裡一個一個的口試。他們排著隊在我家過道裡等著，兩手堵住耳朵背書，非常緊張。

六〇年代初有一個朝鮮女學生，每次來上課，父親坐在沙發上講，她在旁邊地上跪坐著聽。父親向母親提起我們家的地是水泥的，很涼，朝鮮人習慣席地而坐，時間長了恐怕容易得關節炎。從此父親書架最底層多了一個綠色的棉墊子。

父親生前最後一個外國學生是來自法國的瑪麗安·巴斯蒂女士[10]，也是他最得意的外國學生。父親曾在法國留學，受到法國老一輩學者的指導，獲益匪淺，這次他把對法國人民的感激之情傾注到巴斯蒂女士身上。巴斯蒂女士領悟力很高，又很好學。父親不止一次說：教

9 余繩武（一九二六—二〇〇九），中外關係史專家，師從邵循正。歷任中國社會科學院近代史研究所研究員、所長，中國社會科學院榮譽學部委員。

10 瑪麗安·巴斯蒂（一九四〇—），法國高等師範學院教授、法國國家科學研究院研究導師、名譽教授。

她一點也不費力。可惜「文化革命」中斷了她的學業，雖然她又在北京停留了一段時間，可是父親已不能再給她上課了。巴斯蒂女士回國後，每年過年時都寄來一張明信片祝賀新年，明信片的畫面總是教堂。我們猜想：在這個多數國民信奉天主教的國家裡，巴斯蒂女士大約在祈禱父親在新的一年裡平安。父親不信任和宗教，但他遙祝巴斯蒂女士學有建樹，平安、幸福。

一九七二年，父親正生病，有一天系裡通知：尼克森總統的中國問題顧問費正清[11]要求見他。父親一臉茫然：「費正清要見我？我不認識他呀。他怎麼會知道我？見我幹什麼？」可是還是得去見。當時我們確實是比較緊張，因為父親不認識費正清，「文革」中就從沒交代過跟他有什麼關係。現在他要找父親，這叫造反派知道了不又成了父親隱瞞？

我們先送父親去校醫院打了一針氨茶鹼，然後他和周一良伯伯、陳振漢伯伯一起去見外賓。周伯伯和陳伯伯都曾留學哈佛，與費正清教授是老同學相見互相問候。父親站在一旁頗覺尷尬，不知說什麼好。費正清卻走過來向父親自我介紹，抗戰時他在西南聯大修過父親的課，所以他點名要求見父親。因為他不是聯大的正式學生，父親不記得他，可是他記得老師。會見時他提出要請父親和周伯伯、陳伯伯去哈佛講學。這在文革時期是一個很難回答的

[11] 費正清（John King Fairbank，一九〇七——一九九一），美國漢學家、歷史學家，哈佛大學教授。

問題，當時像父親這樣剛剛還挨批的「資產階級反動學術權威」是不可以出國的，但又不能把實話告訴外國人，所以也不能自己做主拒絕。父親當即回答：「在中美沒有正式建交以前是不可能考慮的。」這是一個常識問題，因為沒有建交就沒有大使館，連簽證都沒法辦，怎麼可能去，費正清也認可父親的說法。這是父親第二次拒絕了哈佛的邀請。我不知道能不能把費正清這樣一個重量級人物算作父親的學生，但是他認識父親是因為他去上了父親的課，好像是上過兩門課。

# 二十、信仰

我上初二的時候學校開家長會。父親去開完會回來說：老師說邵瑜別的都好，就是不積極爭取入團，沒交入團申請書。父親問我為什麼沒交申請書。我說我沒想過要入團，而且十五歲才能入團，我才十四歲。父親說怎麼能沒想過要入團呢？十四歲也該考慮了。我說那你也沒入黨，我為什麼一定要入團呢？父親不說話了。

過了兩天，父親給我一摞書，他對我說：「你有權利選擇你的信仰，無論是政治信仰還是宗教信仰，你都可以自己選擇，我絕不干涉。但是我有一個要求：你必須先弄清楚這種信仰的宗旨是什麼，要求成員做什麼。你要認真考慮清楚，你認為它的主張是對的，你能完全做到它的要求，你再加入這種信仰。」

父親說他上中學時是在福州的一個教會學校，每星期六，修女們就在大樹下擺上桌子，鋪上桌布，放一些餅乾，茶之類的東西在桌上。然後她們就招呼過往行人「我們這兒有茶，有餅乾，誰信教就可以來吃。」父親從不去吃，因為他是儒家，只敬祖宗不言鬼神。父親對我說：「信仰是崇高的，對信仰只能奉獻，不能索取。你要是想吃餅乾，我這兒有，你回家來吃。不要為吃餅乾加入任何信仰，不要做吃餅乾的黨團員。」

他給我的那一摞書的第一本是《論共產黨員修養》，父親說：「這本書寫得很好，深入淺出，你雖然只有十四歲，但你能看得懂。這本書道理很深，你好好看看，弄清楚什麼樣的人可以入黨，入團。」第二本書是一本《聖經》。第三本是《中國通史》，在介紹儒家，道教和佛教的部分都夾著紙條。第四本是《世界通史》，在介紹天主教，基督教和伊斯蘭教的部分也夾著紙條。父親說：「這些是世界上主要的宗教，你看一看，對它們要有所瞭解。這些教能流傳幾千年，總有它的道理。你把他們都看一看，比較一下。不信可以，但對別人的信仰要尊重，只要他是真信，真按照信仰的要求去做。許多高僧、老道、神父、牧師、阿訇都是哲學家、藝術家、醫生，他們是很值得尊敬的人。」

我把那些書都看了。《論共產黨員修養》寫得很好，可是我覺得我離那個要求差得太遠。我更不敢申請入團了，我怕父親說我是吃餅乾的團員。

我曾多次在父親的書桌上看見《論共產黨員修養》，我以為父親寫文章要引用其中的章句。可是父親去世後，我整理他的文章，沒看見他引用這本書裡的東西。我想他確實是在看這本書，文革中他寫交代也提到「受《論共產黨員修養》的流毒很深」。記得大約是一九五九年左右，有一天周一良伯伯來找父親，兩個人關起門來談了半天。周伯伯走後母親問：「什麼事談這麼久？」父親說：「他勸我寫入黨申請書，他做我入黨介紹人。」母親嚇一跳，她大概看父親也不像個黨員，整個一個書呆子。母親問：「那你寫嗎？」父親搖搖頭，他是不是也像我一樣，越看《論共產黨員修養》越覺得自己差距太大，不敢申請入黨了呢？

最近看到父親的關門弟子蔡少卿大哥的文章，他說毛主席的女兒曾對他說「毛主席也讀過邵先生〈論鄭觀應〉等幾篇文章。認為，一位資產階級教授，能寫出這樣好的文章，真不容易。」我想父親如果知道的話，一定會對毛主席把他定位為資產階級教授認同的。他不止一次地對我講過，他小時候受封建教育，青年時期受資本主義教育。不但他思想裡有許多封建和資產階級的東西，連我都會受到影響。他還心悅誠服地說過，他和翦伯贊伯伯或范文瀾先生這樣的黨員知識分子相差太遠。他是四十歲才真正接觸共產黨，四十多歲才開始讀馬列主義的書。那時他的世界觀已經形成了，他的問題不是接受不接受馬列主義，而是能不能改變世界觀，這比年輕人直接建立共產主義世界觀要難多了。他說得不多，但想得很多，我覺得他是很有自知之明的。

至於那幾種宗教，如果他只給我灌輸一種信仰，大概我就信了。一個十四歲的孩子是很容易信服於大人的說教的，尤其是她最信任，最親近的人。可是父親什麼都不說，只把這幾種宗教一起給我看，還叫我比較著看，結果就是越比較越不信了。我覺得他們都提倡愛，提倡善，雖然所崇拜的神不一樣，但可以殊途同歸。我有時也想，父親這樣給我看書，到底是想我信教還是不想我信教？大概是不想吧，可是他沒有明說，而是叫我自己選擇，他這麼做是在培養我自由之思想嗎？

父親說過他讀過《聖經》，我問他為什麼讀過卻不信？他說他是拿《聖經》當英語課本讀的，《聖經》的英語是最好的英語。他對伊斯蘭教也有所也研究，我想這和他研究蒙古史有關。他和馬堅伯伯[1]是很好的朋友，有一段時間輪流在老教授家裡開會，母親要準備茶點。只要馬伯伯來，母親一定先去清真食品店買點心，用一個專門的壺燒水，專門的茶杯給馬伯伯沖茶。那個壺和茶杯我們是從來不用的，因為父親說馬伯伯是非常嚴格的回民，不能用漢民的食具。他告訴我馬伯伯是我國研究伊斯蘭教最好的學者，不但阿拉伯文好，英文也好，並且翻譯過《可蘭經》。那可不是會阿拉伯文就能翻譯的，要對阿拉伯民族的歷史，民俗，社會，文化都很瞭解才行。雖然父親不信伊斯蘭教，但這並不妨礙他們兩個人對伊斯蘭教和阿拉伯文化及蒙古史的交流，他們兩人對對方都非常尊重。

父親不信教，也不是黨員，那他有沒有信仰？我想是有的，他有他的信念和人生準則。從我對他的瞭解，我認為他是愛國主義，信的是忠孝節義。

1 馬堅（一九〇六年—一九七八），經名穆罕默德・麥肯，穆斯林學者與翻譯家，一九四五年後先後任教於雲南大學東方語言系、北京大學東方語言系，也是中國伊斯蘭教協會發起人之一。

忠，他忠於祖國，這是愛國主義。他的第一篇論文《中法越南關係史末》是第一次由中國人，以中國人的觀點，運用中國的檔案和史料寫出的中外關係史論文。打破了西方學者以侵略者的觀點，片面利用西方檔案，對中國的汙蔑和誹謗，還原了歷史的本來面目。這是他的成名之作，上世紀八〇年代末期，我在美國華盛頓國會圖書館見到過這本書，可見其在國際上還有一定影響，還有人在使用這本書。以後無論從他的文章和教學中，都體現了對祖國的愛。「文革」中，有一天我問父親：「臨解放時，國民黨要你去臺灣，抗戰勝利後，哈佛大學要你去美國，你都沒去。現在，你挨批，挨鬥，挨打，抄家，勞改，你後悔不後悔？」父親說：「不後悔。國民黨貪汙腐敗，是個沒有前途的政府，我不願意給這樣的政府作殉葬品。得人心者得天下，失人心者失天下。國民黨早就失去了工人農民的民心，槍殺李公朴、聞一多失去了知識分子的民心。發行金圓卷，搜刮民脂民膏，又失去了民族資產階級的民心。他們還剩什麼？怎麼會不失天下？任何一個政黨貪汙腐敗都會有同樣的下場，孫中山先生在時，國民黨也曾經很強大過，不過三十多年就一敗塗地了。歷史上改朝換代都和政府腐敗有關，外族入侵不容易征服中國人，內部蛀蟲卻能把大廈蛀塌。我一輩子研究中國歷史，我的根必須紮在中國的土地上。不但中國歷史，任何有關中國的學科，像中文、中國哲學、中國藝術、中國經濟等，離開中國這塊土地就只能做花盆裡的植物，沒有多大發展空間。很多外國的漢學家都在中國住了不少年，伯希和就來過中國好幾次。在中國可以不斷地發現新的文獻，考古發掘也不斷提供新的佐證，在國外就沒這個條件，只能看得到二手材料。」

我沒見過聞一多先生，但母親去世後，我整理父母遺物，在一本書裡發現了一篇聞一多先生親筆手寫的文稿。我想是聞先生生前父親跟他借的，我托北大把它還給了聞先生的後人。能借到親筆原稿，想必不是泛泛之交，這不是誰來要都能給的。

朋友，尤其是一個學術造詣極深的學者被槍殺這件事，給了父親很大的震動，使他把政府和國家分開了。政府不好可以換一個，但是祖國是不可改變的。所以他選擇了留下，跟著共產黨建立一個新中國。

孝，這是一種責任心。父親對父母、弟妹、妻子、女兒都是極負責任的。無論多麼艱難，他都是先把家人安排好。這個安排不僅僅是生活上的，更重要的是讓我們在受到誘惑時能選擇正確的道路。保障父母老有所養是小孝，讓老人看到兒孫平平安安更重要。如果看到兒孫不知自愛，做下有辱門楣，遺臭萬年的事，有幾個父母能不痛不欲生的？唯有自愛，教育並促使家人自愛才能免除父母的擔心。父親在這一點上抓得很緊，工作上的事絕不允許家人過問。對我交朋友也很注意，他很清楚，孩子如果交友不慎會有什麼結果。孝，不是管吃管住，一團和氣就行的，孝是有原則的。忠孝不可分，在忠孝不能兩全時，為國盡忠是大孝。和平時期，不做損害國家利益的事也是孝。子女犯了罪，等白髮蒼蒼的父母來探監時再哭著說「兒子不孝」就晚了。判刑一判十年二十年，那老無所依的父母還能活到兒子出獄的那一天嗎？父母不盼山珍海味，綾羅綢緞，不盼豪宅華車，金銀財寶，他們需要的是兒女的平安，是能常回家看看。讓父母安心，踏實，這是大孝。

節，這是最難感覺到，最難看得見的。時窮節乃見，刑場上大義凜然是大節，可有幾個人能遇上這種事？平時，小節怎麼保？一輩子，時時處處怎麼保節？父親曾跟我說過，交朋友首先要看人，無論廟堂之上還是市井之中，只要人好都可以交朋友，沒有貴賤之分。但是交朋友的基礎是共同的理想或興趣，決不能因為利益。因理想和興趣相交是友誼，因利益相交是生意。父親從不利用自己手中的權為家人牟利，也從不因朋友有權去托朋友為他牟利。他從不巴結權貴，朋友不分貴賤，如果要他幫忙他都盡心盡力，不求回報。他也遇到過升官發財的機會，但他沒有利用，踏踏實實做他的學問教他的書。抗戰時他的一個同事拉他去做三青團的教官，收入比西南聯大教授要高得多。他沒去，雖然當時教授大都入不敷出。他被評為二級教授，很多人替他抱屈，他卻泰然處之。他對名利看得很淡，他喜歡杜詩，欣賞陶淵明。從不為級別、權利、收入、名氣操心，也不與別人攀比。人失節往往就是從這些東西上開始。

義，父親一生待人以誠，交友以義。朋友有難，他不離不棄，或仗義執言，或想方設法相助。他可以是密友，也可以是諍友，我是眼看著他怎麼和吳晗伯伯。林漢達伯伯吵架的。他和汪敬虞先生[2]有學術觀點上的不同，曾在報紙上發表文章商榷，但互相尊重，惺惺相惜。他認為朋友不對，他可以勸，可以爭，但他不為朋友遮掩，不縱容。姑息養奸是害朋友，是陷朋友於不義。在「文革」中他寫了不少外調材料，都是實事求是。再怎麼逼他，恐嚇他，他都沒有按對方的要求做偽證陷害別人。這是大義。

父親一生求真，不論是信仰還是學問，都追求真誠，真實。他不愛說話，我沒聽過他有什麼豪言壯語，但他一諾千金，答應了就要做到，做不到的他不承諾。對於信仰也是這樣，宣誓參加了，就不能違背誓言。以權謀私，損害國家和組織利益就是對自己信仰的背叛。

2 汪敬虞（一九一七—二〇一二），中國社會科學院經濟研究所研究員。

# 二十一、該出手時就出手



父親從不是路見不平一聲吼的人，他說話聲音很小，學生上他的課要搶前三排，第四排就聽不清了。他知道，他就是再吼也不見得有人聽見，所以就不吼了。但是該出手時他還是要出手的，只要他認為他出手能達到預期的效果，他就一聲不響的出手了，甚至事後除了當事人別人都不知道他還出了手。

六〇年代初，我的表姐要結婚。她未來的公公在北京市公安局工作，要瞭解她的家庭情況。他從登記表上看見表姐有個姑父叫邵循正，在北大歷史系工作，就要表姐來問父親是不是認識一個叫邢必信[1]的人。表姐來問父親，父親說：「那是我的老同學呀，多年沒有音訊了。」

下一個週末邢伯伯就帶著他的夫人，兒女由表姐領路到我家來了。邢伯伯和父親在清華

[1] 邢必信（一九〇六——），文革中受迫害自殺。

同住一間寢室，一天有人來通知，北洋軍警要來抓人，國共兩黨都抓。邢伯伯和他的未婚妻都在名單上，父親趕緊把身上的錢都掏出來資助邢伯伯逃走。當晚軍警來抓人，父親裝睡，假裝迷迷糊糊地回答軍警：「啊？邢必信不在床上嗎？我睡下的時候他已經睡了啊。他到哪兒去了？也許上廁所了？」軍警忙去搜查廁所。北伐後，國民黨的學生都回來復學了，邢伯伯沒回來，父親知道他是共產黨了。

邢伯伯說趁著軍警在宿舍和廁所之間奔忙時，他和邢伯母（就是當時的未婚妻）遠走高飛到了南方。以後他們改名換姓一直在上海和香港做地下工作，為黨籌集經費，一九四九年後才調來北京。因為工作關係，他不能和老同學來往，唯一有聯繫的同學就是東北抗日聯軍的著名將領，後來的水利部馮仲雲副部長[2]。後來我們全家，邢伯伯全家和馮家一起吃過一頓飯，多年不見的老同學在一起敘舊。可是邢伯伯和馮仲雲副部長都在「文化革命」中被迫害致死。

五七年父親的兩個朋友：向達伯伯和王鐵崖伯伯都被劃成右派，有可能要被調出北大。父親以歷史系有一批資料需要整理為名，要求留下向伯伯到資料室工作。以需要王伯伯編中外條約為名，要求把王伯伯從法律系調到歷史系，後來兩位伯伯都留下了。有一天父親對母

[2] 馮仲雲（一九〇八年—一九六八），東北抗日時的著名將領，歷任松江省人民政府主席兼哈爾濱工業大學校長，北京圖書館館長、水利部副部長等。

親說：「幸好有夏自強在。」我想夏叔叔怎麼會不在呢？他不就住在對面的二公寓嗎？他還能上哪兒去？可是母親想了一下說：「你是不是說如果沒有夏自強在系裡，向先生和王先生可能就留不下來？」父親點頭。現在想想，雖然是父親提出留下向伯伯和王伯伯的，可是他沒有權利做決定，拍板的是夏叔叔。反右後北大有一批，全國有一大批右派被送去勞改，調到邊疆。歷史系不但把自己的右派留下了，還從法律系引進一個，作為系領導的夏叔叔有多大壓力是可想而知的，不過他頂住了。「文革」中父親有三項罪名，一項是保護右派，父親認為這個罪名受之無愧。還有兩項是資產階級反動學術權威和吳晗密友。父親認為他不可能是無產階級權威，那當然是資產階級了，這個沒錯。「權威」似乎有點太抬舉他了，但他不承認自己反動。至於吳晗密友，這是事實。可密友也可以成為罪名，這實在可笑。

作為吳伯伯的密友，在他準備寫《海瑞罷官》的時候父親和他大吵一架，反對他寫。可是當他因為《海瑞罷官》被批判時又三次冒險去看他，想幫他寫一篇可以過關的檢查，終於給自己弄來一頂密友的帽子。在「文革」中這頂帽子不是可笑的，而是很嚴重的。父親不知為去看了吳伯伯三次作了多少交代，受了多少批判。紅衛兵一直懷疑他們有什麼陰謀，懷疑吳伯伯交代給父親什麼「任務」。交代之外又要他寫揭發材料，揭發吳伯伯的「罪行」。我看過父親寫的材料，他沒給四人幫提供任何迫害吳伯伯的藉口。吳晗密友，他當之無愧。

六六年父親被揪「出來」，很長時間被關在「黑幫大院」。大院裡黑幫太多，睡通鋪，一人只有二尺來寬的地方。父親緊挨著北大校長陸平[3]，他說是和校長抵足而眠。父親如果「表現得好」，每週可以回家兩小時，表現不好就不能回家。陸平是重犯，從來不可以回家。有一天父親回來，臨走前跟母親說要一盒火柴。母親不給，說：「你病成這樣還要抽煙？」父親說不是他要火柴，是陸平要，陸平不能出去買。母親說你給陸平帶東西不犯錯誤嗎？父親說，我不遞給他，回去扔到他的鋪上就行了，他知道是我給他的就收起來了。母親給了他一盒火柴。過了些時候，父親回來說給陸平帶了一封信。母親問他怎麼能給陸平帶信？父親說有外調要他寫材料，他沒有紙了，監改他們的紅衛兵讓他到合作社去買。陸平悄悄請他帶寄一封信，他把信放進口袋就去買紙，走到合作社門口就投進郵箱了。母親說如果讓人發現了多危險。父親說陸平給他信時屋裡沒人，大家都去勞動了，只有陸平要寫交代，他要寫外調材料所以沒去。寄信時他先看了一下合作社門口沒人，他才把信投入信箱的，再三安慰母親不要怕。可母親說：「你的眼睛能看得清楚嗎？」父親走後母親說嘴裡發苦，我知道她是為父親擔心。如果紅衛兵知道父親給陸平帶了信，那懲罰之重恐怕不是父親那羸弱的身體所承受得起的。我只好說如果有人發現，父親今天就不會回來了，上次不就有一個星期沒回來嗎。

[3] 陸平（一九一四—二〇〇二），一九五七年十月至一九六〇年三月任北京大學副校長，一九五七年十一月起任北京大學黨委第一書記。

那是一九六八年十月，在中共舉行的八屆十二中全會上，毛澤東主席說，對資產階級學術權威也要給出路，「不給出路的政策不是無產階級的政策。」他還說過，像馮友蘭、翦伯贊等今後還得讓他們當教授，不懂唯心主義哲學就去問馮友蘭，不懂帝王將相歷史，便去找翦伯贊。還說今後在生活上可以適當照顧。北大軍宣隊也傳達了這項最高指示。沒過幾天軍宣隊的教導員在一天勞動結束後的總結時訓話，把全體「牛鬼蛇神」們大罵一頓，還說只許老老實實，不許翹尾巴。放回工具後，只有父親和周一良伯伯。父親就對周伯伯說，剛才教導員的話恐怕是政策水準問題。晚飯後立刻開大會批鬥父親，說他惡毒攻擊軍宣隊，竟敢說教導員政策水準有問題。父親想是隔牆有耳，不知和周伯伯說話被誰聽見了，彙報給軍宣隊，他就等著第二天全校大會批鬥了。可是第二天一早，大喇叭廣播周一良惡毒攻擊軍宣隊，全校批鬥周伯伯，父親陪鬥。父親想隔牆那耳是怎麼聽的？前一天聽的是邵循正，睡一覺就聽成是周一良了？可是那個週末父親沒有回來，母親燒了一碗肉菜，等了又等。一直到天黑，母親說：「你爸爸大概不會回來了，我們把菜吃了吧。」可是兩個人都吃不下，不知父親出了什麼事。所以只要父親能回來，就是沒事。

父親一生淡泊名利，但注重氣節。母親說他犟極了，只要他認為對，他就去做，誰勸也沒用。要是他認為不對，他就不做。你跟他說什麼他都是唔唔啊啊，左耳進右耳出，不理你那一套。

如果父親寫揭發材料時，編造些不實之詞去給四人幫提供迫害吳伯伯的彈藥。如果父親不給陸平寄信，而是交給紅衛兵。如果父親利用我的婚姻投靠康生，為虎作倀。那他即使不能飛黃騰達，也能改善他的處境，至少可以得到好一些的醫療條件，可能不會那麼早去世。但他沒有這樣做，他不會逢迎拍馬，趨炎附勢，他有他的人生守則，他把氣節看得比生命更重要，所以該出手時他就出手了。這大概就是「亦余心之所善兮，雖九死其尤未悔」。

# 二十二、興趣

父親業餘愛好中最喜歡的是圍棋，他下圍棋是祖父教的。祖父圍棋下得很好，父親跟他下，他要讓父親三子，才能下成平手。父親沒事時就擺棋譜，他有一副雲子和一個配套的棋盤。可是擺得太多了，棋盤破了，母親給他補過幾次，實在沒法補時就用牛皮紙給他畫了一張。我只見過王竹溪伯伯和父親談棋，他們一起研究殘局。「文革」中王伯伯還來我家，和父親兩個人在母親畫的棋盤上擺來擺去。

不知道學生們怎麼知道父親會下圍棋，先是系裡的學生來找父親下棋，下不贏，回去搬救兵。歷史系的圍棋手都來了，樓下門口停了一大片自行車，鄰居以為我們又被抄家了，好緊張。可是還不贏，外系的也來了，最後是找了一個物理系的學生來下，父親說只有這一個下得還有點兒意思了。父親慶幸他還有一技之長，他說他研究的歷史都被批判了，不能再教歷史他還能教圍棋，總算還有一點兒用。

父親會打橋牌，但不像十姨父那麼喜歡，總是十姨父來找他打牌。如果只有陳岱孫表伯父來，十姨就打，如果傅鷹伯伯也來，十姨就不打了。「文革」前吳晗伯伯有時請他們去打橋牌，除了父親也常有十姨夫和表伯父。母親也會，但打不好，也不愛打。少一個人時父親就會叫母親去替一下，只要有別人來了，母親立刻下桌。她對這些遊戲好像都不感興趣，我記得她只是有時和我下下跳棋，小時候她贏我，上初中時下成平手，高中時我贏她。父親沒教過我下圍棋，打橋牌，他讓我去學鋼琴。父親會打麻將，但很少打，他嫌麻將太吵了，一洗牌稀裡嘩啦的，我們家裡沒有麻將，也從來不打麻將。他們下圍棋，打橋牌都是很安靜的，棋風，牌風都很好，從不喧嘩。

父親四歲起由祖母教他寫字，他的字帖是一本《庫裝陝本虞世南夫子廟堂碑》，我學大字時他把這本帖給我了。父親的稿子寫得極潦草，沒幾個人能給他抄，但他也能用毛筆寫很漂亮的楷書。上初中時我買過一把摺扇，一面是菊花，另一面空白。父親看見了說紙還不錯，就拿去工筆小楷錄了七首杜詩在白紙的那一面。母親是很見過些好字的，看了我的扇子說字寫得很好。「文化革命」破四舊，父親讓我把扇子燒了。我很猶豫，但看到詩後有父親寫的「瑜揮暑並諷詠」及父親的簽名，怕紅衛兵看見了又給父親添一條罪名，就忍痛燒了。

母親很會畫畫，水彩，油畫都會。我小時候如果母親有事就給我一張紙一支筆，讓我畫畫。我常要求她畫個樣子，因為家裡有個大花貓，所以我總是要她畫貓。她會畫各種各樣的貓，站的，坐的，臥的，逮老鼠的……要什麼有什麼。有一天我突發奇想：這回要父親給我畫個樣子。當時他正在書房，桌上堆滿了書和稿紙。聽到我的要求他愣了一下，拿起一張稿紙在反面畫了一個O，說：「這是雞蛋。」我說：「還要一個。」他又畫了一個大O，在圈裡點了幾個點，說：「這是燒餅。」我說：「要活的東西。」他想了一下，寫了一個一頭平一頭圜的阿拉伯數字8，在圜的一頭點了一個點，說：「這是魚。」我不滿意地說：「要畫個貓。」父親為難地皺了一下眉頭，又高興地說：「要貓啊？好，好。媽媽會畫貓，找媽媽去畫貓，找媽媽去。」說這兩手把我腋下一提，連推帶送塞給母親。我一輩子見到父親畫的東西也就有那三樣：雞蛋、燒餅、魚。

父親不看電影，說電影演得太快看不清。唯一一次記得父親看電影是剛搬到北大以後，可能是階級教育或什麼運動，全校教職工排隊到東操場看《白毛女》。父親去看電影前我鬧著要去，鬧得父親沒辦法了只好帶我去。演到喜兒變成白毛女時我嚇得大哭，怎麼哄也止不住。父親只好一手拎板凳，一手夾著我抱回家來，我是一路哭到家。除此之外我再沒見他看電影，不過他喜歡京劇，尤其是我最不耐煩看的老生，老旦捂著肚子唱起沒完的那種。他帶我去看京戲，我小時候愛看大鬧天宮，他說鑼鼓太吵了。他帶我看裘盛戎、譚富英的《將相和》，馬連良、譚富英、葉盛蘭和裘盛戎的《借東風》，梅蘭芳的《貴妃醉酒》，梅蘭芳、裘盛戎的《霸王別姬》，荀慧生的《紅娘》等。我先是看不懂，不明白他們唱什麼，無線電裡廣播京劇時父親就一句一句給我講。我記得他講《空城計》，廣播之前他先講什麼是空城計，《三國演義》裡是怎麼寫的。等廣播開始後，馬連良唱一句他講一句。幸虧京劇唱得慢，要是電影就來不及講了。父親說他小時候在福州只有閩劇，但是那時福建交通閉塞，沒有好的劇本，演員也不能和其他劇種交流，所以無論演技和劇本都無法和京劇相比。他認為比較好的劇本只有一出《霍小玉》，他還唱了一首其中的〈竹枝詞〉。母親聽得懂福州話，但聽不懂福州戲。我是連福州話都聽不懂。唱完後我和母親都一聲不響，兩個人都沒意識到已經唱完了。他大概感到是對牛彈琴，以後再沒唱過。我們家沒有電視，無線電裡播放好的京劇時，父親就會放下手中的事來欣賞。他總是閉著眼睛靜聽，一隻手在椅子扶手上輕輕地打著拍子，偶爾說一聲「好！」

我記得唯一他不喜歡的京劇就是吳晗伯伯的《海瑞罷官》，從吳伯伯來告訴他要寫這齣戲時他就反對。戲排出來了，吳伯伯送了三張票請我們去看，還說是徵求意見。我看了十分驚訝，還有這樣的京劇啊。太好了，我全看懂了。可是父親很不滿意，說是浪費時間，寫得不像京劇，不如去寫論文。他不理解吳伯伯為什麼要寫京劇，他覺得吳伯伯寫京劇是避其所長用其所短，簡直是下了一子臭棋。當吳伯伯受到批判時，父親變成了最同情最理解他的人。

父親對藝術要求極高，不是經典他不看，他在法國留學和在英國做訪問教授時看了一些歌劇如《卡門》和《茶花女》，也看了些芭蕾舞。他對我談過英法俄三國芭蕾舞的不同特點，他說英國的芭蕾舞穩重，樸實，細膩，比較突出主要演員的個人演技。法國的華麗，活潑。俄國式的場面雄偉，演員總的水準整齊，適於演大場面的舞劇。

我沒見過父親看小說，一直以為他不看小說。後來才知道他不但看小說，而且古今中外的名著他幾乎都看過。他看小說可以分成兩種情況，一種是學外語時當作參考書。他去世後我整理他的書，在書櫃下邊的一個角落裡發現幾本外文小說，記得有法文的《紅與黑》，那都是他學外語時的參考書。我發現他看過小說是因為無論我說起那部經典小說他都知道，我上初中時讀了一些蘇聯小說，當時是學校圖書館有什麼就借什麼。父親看到後買了一部《安娜．卡列尼娜》給我，告訴我托爾斯泰是俄國最好的文學家，這部書翻譯的也很好。看這樣的書才能知道什麼是真正的俄羅斯文學，也可以通過小說瞭解當時的俄國社會。另一種情況是看歷史小說，比如二十四史演義。他給我買《三國演義》，他把林漢達伯伯送他的《東周列國故事新編》給了我，我的廟巷大伯邵循岱（廈門大學俄語系教授，翻譯過蘇聯作家楊契維茨基著《成吉思汗》及A．達爾瑪著《伽羅瓦傳》）翻譯了《成吉思汗》以後，送了他一本，他也給了我。這些書不但增加了我的歷史知識，也引起我對歷史和文學的興趣。當然小說不可全信，有一段時間無線電裡有《說岳全傳》連續廣播，我是忠實聽眾，而且常在飯桌上向父母「轉播」。父親聽我牛皋，金兀術地亂說了一氣後笑了一下，飯後給我一本鄧廣銘伯伯寫的《岳飛傳》，說好好看看，這才是歷史。你聽得那些是編的，不是歷史，聽聽可以，不可信以為真。使我瞭解到：戲說歷史只不過是一種娛樂，誰要是信以為真，那他就是大傻瓜。史學家可以用馬列主義的觀點研究歷史，做出結論，但不能用馬列主義的標準去要求古人。不但古人，我現在也不能用改革開放後的標準去要求父親和他那一輩的知識分子在「文革」中做什麼事。那不但是不可能的，而且是極愚蠢，極沒有常識的。史書對一件事記載可能很簡單，怎麼瞭解當時人的想法，社會狀況，為什麼他們會那樣做？歷史小說有詳細描述，可以作為參考。父親對《唐詩三百首》、《古詩源》都很重視，他說從中可以找到參考材料。

父親還有一個興趣就是逛舊書店，他是去淘寶。他對巴黎和牛津大學附近的舊書店都很熟悉，他從那裡帶回來過很珍貴的舊書，有些後來被北京圖書館收購去。我從來都是跟母親上街，只有一次父親帶我進城，去東安市場舊書店。那時我大概三歲，進舊書店前他先給我買了一本小人書，然後把我舉起來，放到售貨員到高層書架上找書的梯子頂上。對我說：「坐好，不要動。當心掉下來。」然後在人群中一晃就不見了。我兩腳懸空坐在那兒，一動也不敢動，聯手裡的小人書都沒敢翻一下，我怕掉下去。所有的顧客都在我腳下走來走去，偶然有人抬頭看見我，大概都奇怪：為什麼會有個小孩在那個地方。父親只要一抬頭就能看見我，我下不來就不會亂跑，丟不了。我就那麼僵僵地坐到父親夾著一摞書來把我抱下來，然後就跟他回家了，從此我再也不肯跟父親上街。

五〇年代父親到蘇聯出差，不過幾天，外匯有限，他還不忘逛莫斯科的舊書店。我不知道他是怎麼找到舊書店的，他從沒去過莫斯科。他好像有這方面的特異功能，飯館他可能找不到，但舊書店他能找到。他帶回來幾本沙俄檔案，是有關中俄外交的檔案，對研究中俄外交很有用處。不過他很惋惜還有幾本也有用，可是外匯不夠了，他只好挑最重要的買。聽說這種檔案出版數量極少，他帶回來的也許是國內僅有的。他給我帶回來一隻塑膠小船，大概剩下的外匯不夠買一本書，只夠買一個玩具船了吧。他去世後這幾本書送給了中國社會科學院近代史研究所，想必可以物盡其用了。

父親對博物館、教堂、廟宇都有興趣，他在法國參觀過很多博物館，把說明書和地圖都保存得很好地帶回來。我記得有凡爾賽宮、羅浮宮、巴黎聖母院的介紹，還有巴黎、倫敦、柏林的地圖。可惜「文革」中都付之一炬了。他去中國的博物館，如故宮，主要是查找資料，對什麼地方有舊檔案或舊日記都很注意。他要看一手材料，即使不是名人日記，只要真實記錄當時的事情，如《漏網喁魚集》，他都非常重視。

父親一直身體瘦弱，可是從不主動鍛鍊。唯一可以稱為運動的就是上下班走路，那也是不得已而為之，沒公共汽車嘛，又不會騎車，只好走。母親難免嘮叨，說他該學點什麼，比如太極拳或氣功之類。還舉例，商鴻逵伯伯和趙理海伯伯都打太極拳，「你為什麼不能和他們學學？」父親有個好處，雖然他最怕囉嗦，可是他不怕母親囉嗦，隨母親怎麼叨嘮他都不煩。父親說圍棋屬體委管，也是一項運動，他沒事就擺棋譜，所以他也經常參加運動。母親說那不能鍛鍊身體。父親說他在福州上中學時也打過乒乓球，不過那時的球裡放了幾粒沙子，打起來會嘩啦嘩啦響。他還會游泳，能換三口氣，他游的是自由式。母親說頂多算狗刨式，全無章法，況且你一輩子游過幾次？

商鴻逵伯伯是熱心人，不知從哪兒聽說父親需要鍛鍊身體，告訴父親可以教他打太極拳。商伯伯太極拳打得極好，有一段時間父親經常跟他學打太極。他們在二公寓商伯伯家院子外練習，我躲在陽臺門的玻璃後面偷看。商伯伯非常認真地糾正父親的動作，父親是舉手抬足都不到位，我躲在門後偷著樂。

有一天母親問父親：「你學打太極拳也好久了，學會了沒有？」

父親穿著拖鞋，立刻站到房間中間演練起來。第一個踢腿動作鞋就脫足而飛，落到茶壺上。在我和母親的驚呼聲中，太極拳演練戛然而止。我和母親同時撲向茶壺，母親檢查茶壺有沒有打壞，我拾起那只鞋送給光著一隻腳，金雞獨立地站在房間當中的父親。

父親穿上鞋給我講，古代中國有一種武術競賽，叫做投壺。就是在地上放一把大壺或簍子，參賽者從同等距離向壺中投同等數量的箭，投中多者為勝。他說他現在能足發暗器直中茶壺，已經武功了得了。從此再沒見他練過太極拳。

「文革」中北大還開過一次教工運動會，我問父親參加那一項，他猶豫了一下說別的都不會，只是走路可以走得很快，就參加競走吧。過了幾天要開運動會了，我問他要不要練習一下。他說不用了，他去報名，別人都不信他可以參加運動會。他們讓他走一下看看，他走完以後，大家說那不是走，是跑，所以他沒報上名。

父親很少吃零食，唯獨鍾情開花豆。他每次都是從客廳的桌上拿一粒開花豆，走到廚房把豆皮剝到簸箕裡，再走回客廳吃這一粒豆。吃完再拿一粒，再走一趟。有一天母親終於忍不住說：「怎麼這麼笨？都不會拿個盤子把豆皮剝在盤裡一起倒掉？」說著起身預備去替父親拿盤子。我急忙把食指放在嘴唇上說：「噓。別告訴他，就讓他這樣走走，比一天到晚坐著不動好。從客廳到廚房大約十二步，來回二十四步，一天吃三十粒豆就可以走七百二十步，也算一種鍛鍊吧。」母親趕緊坐下，以後她天天盯著開花豆。只要快吃完了就去再買一包，讓父親繼續他的「開花豆鍛鍊法」。

# 附錄：一部鮮為人知的書

先父邵循正，原北大歷史系教授，生前收藏了一部線裝手抄本《李星使來去信》。這部書共二十四冊，玉色封面，從頭到尾正楷手書，每頁八行，書寫工整均勻，是一件精美的藝術品。每卷第一頁都蓋有金陵大學圖書館善本書藏書印，可知本為金陵大學所有。就常識而論，任何圖書館在正常情況下都不可能允許珍貴圖書流失館外，何況是稀有的善本書。我不知道父親是如何得到這部書的，只知從小家中就有此書。我那時年幼，沒想過要問此書來歷，父親去世時正值「文化革命」，哪裡顧得上問這些。我知道父親沒去過金陵大學，不可能從金陵大學圖書館得到。唯一會使這部書流落民間的機會是抗戰初期，日軍侵佔南京，大肆燒殺搶掠。南京，包括金陵大學在內，無數珍貴文物被搶被盜，這部書極可能在那時落入日人之手。抗戰勝利，日本人倉皇逃走，又將無法帶走的盜來品拋棄，賤賣。父親一生沒發過財，尤其是一九四九年前，不可能買得起貴重圖書。只有在這種情況下，在地攤或日本人逃跑前賤賣東西時才有可能買得起這部書。

父親對此書極為愛惜，「文革」中抄家，母親陪嫁首飾及父母一生積蓄都被抄走，只有此書因父母冒著危險把它包裹收藏未被抄去。父親去世後，母親一直把這部書單獨收藏，精心保管，所以完好無損。現在父母都不在了，這書對我來說是有非常珍貴的紀念意義的。但是我認為書之價值在於有人讀它，所以把這部書捐給北大圖書館，以饗廣大讀者。我想，這樣這部書將更有價值。

從書名《李星使來去信》中可以知道書的作者當是李星使，即清光緒年間駐德國公使李鳳苞（後又署理英、法、比利時公使），及與他通信的清政府。這部書為李鳳苞駐外期間（一八七七—一八八五）與清政府的全部來往公函，後經人整理抄錄，裝訂成冊。內容基本上是為清政府採購軍火，艦艇和電報設備等，以及由此引起的培訓使用，保管人員的問題。

光緒初年，清軍為鎮壓太平天國農民起義需要大量新式武器，隨著淮軍實力增強，李鴻章的權利也不斷擴大。李鳳苞為李鴻章的親信，一八七六年經李鴻章推薦任船政留學生監督。一八七七年赴英法兩國學習。一八七八年又由李鴻章保薦，擔任駐德公使。不久，又兼任駐奧、意、荷三國公使，一八八四年暫署駐法公使。向西方國家購買軍火的任務必然地落在他身上。第二次鴉片戰爭後，清政府感到沒有先進的海軍隨時都有外國軍隊威脅首都北京的危險，因此急於建立一支近代海軍艦隊。李鳳苞在歐洲為清政府定購了不少魚雷艇，及當時清朝海軍最大的鐵甲艦——定遠號。但因中法戰爭爆發，此艦被法國政府扣留，未能按期來華，直至中法戰爭結束之後才啟程。為發展軍中通訊，清政府引進電報系統，李鳳苞採購了從電線到密碼的全套設備。但軍事密碼也靠進口，其保密程度簡直不可思議。李鳳苞於光緒十一年（一八八五）回國，後任北洋營務處總辦，兼管水師學堂，但沒過多久就因駐外期間貪汙採購軍火的公款被參，遭撤職查辦。在李鳳苞之前，清政府購置西方軍火都是通過外國中間商，李為清政府直接向外國廠商採購軍火之第一人。

通過這部書，我們可以看出清政府學習與外國做生意的過程。在第一、二卷中，主要是為陸軍採購武器，也為海軍買魚雷。從信中可以看出李鳳苞對軍火生意並不熟悉，花了不少時間去探尋什麼地方能買到什麼武器，打聽價錢多少。大量採購的是毛瑟槍，馬悌呢槍，前膛炮和彈藥等。信中也提到清政府已派員去歐洲學習，在軍火工廠或軍隊裡實習。

當清軍使用了李鳳苞購買來的武器後，就發生了一些新問題：品質不好，槍托在運輸過程中大量損壞，子彈有一半不響，因此李鳳苞要找外商退還。需要零配件以便維修，因此買了不少螺絲，皮帶等備用件。子彈消耗量大，清政府準備「槍宜購，子宜自造」。李鳳苞在歐洲採購製造彈藥的機器，聘請技師來華教授如何安裝，使用機器。

買了炮和船，隨之而來要買炮架，建船塢等等。買了武器要懂得如何使用，保管，維修。李鳳苞採購炮架和建船塢的材料，並收集各種技術資料及軍火使用，保管條例，全部譯成中文。

以後隨著採購經驗的增加，看起來李鳳苞也由外行漸漸變得比較內行了。在後面的信中，他除了注意到武器的品質外，還向清政府建議停止購買過時舊武器，改買外國軍隊正在使用的更近代化的新式武器。同時他還到過許多工廠和軍事設施參觀，對工廠的佈局，軍火庫的管理都有較詳細地描述。這種紀錄可能這些工廠和設施的所在國也未必有。他還注意到近代軍隊的建設問題，收集了一些地圖及戰例解說，如秘智戰說，英阿戰說，寄給清政府。

作為駐外公使，李鳳苞向清政府的彙報應是真實可信的。所以這部書對研究清朝與西歐軍火貿易，中國早期近代化軍隊，軍事工業的建立，和十九世紀後期西歐軍火工業，貿易等，都有一定價值。清代漢族官員需經科舉選拔，李鳳苞在入仕前必有一定的寒窗之苦，他的文字自然不是一般商賈可比，因此這部書不像商業書信那麼枯燥，有一定可讀性。

我希望對這些問題有興趣的人有機會利用這部書。同時我想這部書流出金陵大學也許不是一個孤立事件，是否還有其他貴重圖書一起散落民間。希望瞭解當時情況的人能把這些事寫出來，也希望有心人能注意搜尋其他的貴重書籍。

血歷史204　PC1005

新銳文創
INDEPENDENT & UNIQUE

# 欣欣此生
## ──北大歷史學者邵循正的求學、品格與生活


作　　者　邵　瑜
責任編輯　孟人玉
圖文排版　蔡忠翰
封面設計　王嵩賀

出版策劃　新銳文創
發 行 人　宋政坤
法律顧問　毛國樑　律師
製作發行　秀威資訊科技股份有限公司
114 台北市內湖區瑞光路76巷65號1樓
電話：+886-2-2796-3638　傳真：+886-2-2796-1377
服務信箱：service@showwe.com.tw
http://www.showwe.com.tw
郵政劃撥　19563868　戶名：秀威資訊科技股份有限公司
展售門市　國家書店【松江門市】
104 台北市中山區松江路209號1樓
電話：+886-2-2518-0207　傳真：+886-2-2518-0778
網路訂購　秀威網路書店：https://www.bodbooks.com.tw
國家網路書店：https://www.govbooks.com.tw

出版日期　2021年12月　BOD一版
定　　價　320元




讀者回函卡

**Printed in Taiwan**

國家圖書館出版品預行編目

欣欣此生——北大歷史學者邵循正的求學、品格與生活/邵瑜著. -- 一版. -- 臺北市 : 新銳文創, 2021.12
面 ; 公分. -- (血歷史 ; 204)
BOD版
ISBN 978-986-5540-68-5(平裝)

1.邵循正 2.史學家 3.傳記

601.99 110012684